Coleção Vértice
126

A ARTE DE VIVER

@editoraquadrante
@editoraquadrante
@quadranteeditora
Quadrante

HILDEBRAND PROJECT

Sobre o Projeto Hildebrand

O projeto busca difundir a rica tradição personalista cristã, sobretudo nas linhas desenvolvidas por Dietrich von Hildebrand e Karol Wojtyla (São João Paulo II), com vistas à renovação do ambiente intelectual e cultural.

As publicações, cursos acadêmicos e eventos públicos têm o objetivo de apresentar ao público os maiores pensadores e expoentes do personalismo dos séculos XX e XXI. Animados por um sentido agudo do mistério e da dignidade da vida humana, essas pessoas desenvolveram um personalismo capaz de projetar luzes novas sobre temas como: liberdade e consciência, a transcendência religiosa da pessoa, a relação entre indivíduo e comunidade, o amor entre homem e mulher e o poder vivificante da beleza. O Projeto insere essa visão da pessoa humana nas grandes tradições filosóficas do ocidente e do cristianismo e aborda, a partir do personalismo, as mais profundas necessidades e aspirações dos nossos contemporâneos.

Para mais informações, visite: www.hildebrandproject.org.

DIETRICH VON HILDEBRAND
& ALICE VON HILDEBRAND

A ARTE DE VIVER

Tradução
Artur Padovan e Henrique Elfes

São Paulo
2021

Título original
The art of living

Copyright © 2021 The Dietrich von Hildebrand Legacy Project

Capa
Douglas Catisti

Dados Internacionais de Catalogação na Publicação (CIP)
(Câmara Brasileira do Livro, SP, Brasil)

Hildebrand, Dietrich von
    A arte de viver / Dietrich von Hildebrand; tradução de Artur Padovan, Henrique Elfes. – 1ª ed. – São Paulo : Quadrante Editora, 2020.
    Título original: *The art of living*
    ISBN: 978-65-86964-50-9
    1. Comportamento humano - Aspectos sociais 2. Ética 3. Valores éticos 4. Virtudes I. Título

20-53055   CDD 306

Índice para catálogo sistemático:
1. Comportamento humano : Evolução social 306

Aline Graziele Benitez - Bibliotecária - CRB-1/3129

Todos os direitos reservados a
QUADRANTE EDITORA
Rua Bernardo da Veiga, 47 - Tel.: 3873-2270
CEP 01252-020 - São Paulo - SP
www.quadrante.com.br / atendimento@quadrante.com.br

Sumário

Respeito 7
Fidelidade 19
Responsabilidade 33
Veracidade 43
Bondade 55
Comunhão 65
Esperança 91
A virtude hoje 117
O coração humano 141

Respeito

Os valores morais são o que há de mais elevado entre todos os valores naturais. Acima da genialidade, da sensatez, da vida próspera, acima da formosura da natureza e da arte, acima da estrutura perfeita e da força de um Estado, estão a bondade, a pureza, a veracidade e a humildade do homem. Um ato de autêntico perdão, uma renúncia magnânima, um amor ardentemente abnegado encerram um significado e magnitude, uma transcendência e perenidade muito maiores do que todos os valores da nossa civilização. Os valores morais positivos são o âmago do mundo; a sua negação, o pior dos males: pior do que o sofrimento, a doença, a morte, pior do que a ruína das culturas mais florescentes.

Assim o reconheceram já todos os grandes espíritos, um Sócrates e um Platão, insistindo sempre em que é melhor sofrer uma injustiça do que cometê-la. Mas é sobretudo no *éthos* cristão que esta preeminência da esfera moral toma o lugar de uma concepção fundamental.

Os valores morais são sempre valores da pessoa. Inerentes unicamente ao homem, só no homem se podem realizar. Uma coisa material, digamos uma pedra, uma casa, não pode ser moralmente boa ou má; nem pode sê-lo um ser vivo, como, por exemplo, uma árvore ou um cão. De modo semelhante, as invenções, as obras do espírito humano – os livros científicos, as obras de arte – também não podem ser sujeitos de valores morais: não lhes é dado serem leais, humildes, cordiais. Podem, quando muito, como sedimento do espírito humano, refletir indiretamente esses valores.

Só o homem, como ser livre, no uso da sua responsabilidade, pode ser moralmente bom ou mau na sua ação e nos seus negócios, no seu querer e no seu esforço, no seu amor e ódio, na sua alegria e tristeza, bem como nas suas atitudes fundamentais duradouras. Eis por que o ser do próprio homem, a personalidade penetrada de valores éticos – o homem humilde, puro, veraz, fiel, justo, dedicado – é mais transcendente do que a criação de bens culturais.

Mas de que modo chega o homem a participar desses valores morais? Acaso se formam por si sós, como a beleza do semblante, como a inteligência de que foi dotado, como um temperamento vivo? Não: têm origem em atitudes livres e conscientes; exigem uma colaboração essencial. A sua presença depende de uma dedicação consciente e livre. E quanto mais o homem se abrir aos valores éticos, quanto mais pura e incondicionalmente se dedicar a eles, tanto mais rico será também ele próprio em valores morais.

Um homem é incapaz de ser moralmente bom se estiver cego para o valor moral das outras pessoas, se não distinguir o valor inerente à verdade do não valor inerente ao erro, se não entender o valor que há numa vida humana ou o não valor de uma injustiça. Se alguém se interessa apenas por saber se determinada coisa o satisfaz ou não, se lhe é agradável, em vez de se interrogar sobre o seu significado, a sua beleza, a sua bondade, ou sobre o que vem a ser em si mesma; numa palavra, se não se interessa por saber se essa coisa é *valiosa*, é-lhe impossível ser moralmente bom.

A alma de todo o comportamento eticamente bom reside na dedicação àquilo que objetivamente é valioso, no interesse por uma ação na medida em que esta encerra valores morais. Suponhamos dois homens que testemunham uma injustiça sofrida por um terceiro. Um, interessado apenas na sua satisfação pessoal, não se importa nada com o ocorrido, dizendo de si para si: «Antes ele do que eu». O outro, em contrapartida, prefere sofrer pessoalmente a injustiça a ver o terceiro padecê-la. Este é que tem um comportamento moralmente bom; aquele, um comportamento imoral, porquanto passa indiferente pela questão dos valores.

Fazer ou deixar de fazer o que é agradável, mas indiferente do ponto de vista dos valores, isso fica à discrição de cada um; se uma pessoa come ou não um prato saboroso, isso é lá com ela. O valor positivo, porém, exige de nós uma resposta afirmativa, assim como o valor negativo nos exige uma recusa. Aqui já não se pode adotar um comportamento qualquer; impõe-se dar a resposta correta. Ajudar alguém que passa necessidade não é uma questão de gosto; quem não o faz torna-se culpado de ignorar o valor objetivo da ajuda.

Só o homem que entende que há coisas «importantes

em si mesmas», que há coisas belas e boas em si, só o homem que capta a exigência sublime dos valores, o seu apelo e o dever de voltar-se para eles e deixar-se formar por sua lei, é capaz de perceber pessoalmente os valores morais. Só o homem que é capaz de ultrapassar o seu horizonte subjetivo e que, livre de todo orgulho e concupiscência, deixa de perguntar o que lhe satisfaz, mas antes entrega-se e subordina-se ao que é importante em si – o belo, o bom –, só esse homem pode tornar-se propriamente portador de valores morais.

A capacidade de assimilar os valores, de afirmá-los e responder a eles é o fundamento da realização dos valores morais do homem.

Ora, isso só se verifica no homem respeitador. O *respeito* é aquela atitude fundamental que, por assim dizer, se pode apontar como mãe de toda a vida moral, porque é ela que, antes de mais nada, permite abeirar-se do mundo e abrir os olhos para os valores que encerra. Por isso, nestes capítulos sobre as atitudes morais, isto é, as atitudes que fundamentam toda a vida moral, temos de falar em primeiro lugar do respeito.

O homem desrespeitoso, atrevido, é incapaz de toda e qualquer dedicação e subordinação. Ora se torna escravo da soberba, daquela contração do eu que o encerra em si mesmo e o mergulha em cegueira, levando-o a perguntar constantemente: «Terá subido de ponto o meu prestígio, terá aumentado o meu poder?»; ora se faz escravo da avidez com que reduz o mundo inteiro a uma mera ocasião de prazer. Por isso não consegue criar no seu íntimo aquele silêncio, aquela atitude receptiva que permite compreender o que há de peculiar e valioso em cada situação e em cada homem. Trata tudo com a impertinência e a indelicadeza de quem só repara em si mesmo e só se escuta a si mesmo, sem cuidar do mais que existe. Não sabe manter distância alguma em relação ao mundo.

Esta falta de respeito apresenta duas modalidades, conforme se baseie na soberba ou na avidez. A primeira, a falta de respeito que procede da soberba, é a *insolência*. O homem deste tipo, com uma sobrançaria petulante, abeira-se de tudo sem se dar ao incômodo de entender a fundo coisa alguma. É o sabichão enfadonho que, sem mais, tudo julga descobrir e conhecer de antemão. É o homem para quem nada pode haver de superior a si mesmo, nada que ultrapasse o seu horizonte ou encerre algum segredo. É o homem a quem Shakespeare, no seu *Hamlet*, avisa que «há mais coisas entre céu e terra do que sonha a vossa filosofia». É o homem ignorante, obtuso, do gênero daquele Wagner, fâmulo do Fausto, todo satisfeito «por ver quanto progrediu». Um homem destes não sabe nada da amplidão e da profundeza do mundo, do sentido misterioso e da plenitude incomensurável do belo e do bom, de que nos falam cada raio de sol e cada planta, e que se desvendam no sorriso inocente de uma criança e nas lágrimas de arrependimento do pecador. Para o seu olhar estreito, arrogante, o mundo achatou-se, tornou-se unidimensional, insípido, insignificante. Está claramente cego para os valores e para o mundo. Passa pelo mundo com uma decadente incompreensão.

A outra modalidade de falta de respeito, a do *ávido embotado*, é igualmente cega para os valores. Só lhe interessa saber se uma coisa lhe é ou não agradável, se lhe dá prazer, se lhe traz alguma utilidade, se precisa dela. Em tudo se limita a ver o aspecto que se prende com o seu interesse ocasional, imediato. Tudo quanto há se cifra para ele num meio de atingir os seus fins egoístas. Gira eternamente no círculo da sua estreiteza, sem dele sair jamais. Daí o não conhecer também a felicidade profunda e verdadeira que só brota da dedicação a valores puros, do contato com aquilo que em si é belo e bom. Não se dirige com insolência a tudo o que existe, como o primeiro tipo, mas é como ele falto de abertura e de distância; porque, como apenas procura o que num dado momento lhe é útil e necessário, tudo passa por alto. Não logra jamais o silêncio interior, não consegue abrir-se, não se deixa presentear. Também ele vive num eu espasmodicamente contraído. O seu olhar «resvala em tudo estupidamente», sem penetrar no verdadeiro sentido e valor de qualquer assunto. É também «míope», e põe-se tão «perto» de tudo que lhe escapa o conhecimento da verdadeira essência das coisas; deste modo, não concede a nada do que existe o «espaço» necessário para que se desenvolva na sua peculiaridade e plenitude, e o mundo fecha-lhe por seu turno a sua amplitude, profundeza e altura.

Quem é respeitador encara o mundo de uma maneira inteiramente diferente. Descontraído, sem espasmos, livre da soberba e da avidez, longe de encher o mundo com o seu «eu», cede ao que existe a sua vez para deixá-lo desenvolver-se na sua peculiaridade. Percebe a dignidade e a nobreza do que existe, simplesmente por existir em face do nada; percebe o valor que possui cada pedra, cada fio de água, cada talo de erva, enquanto ente que possui existência própria, que existe de tal maneira e não de outra; percebe que cada coisa é o que é, que é *algo* independente da pessoa do observador e subtraído ao seu arbítrio, ao contrário de qualquer simples quimera ou aparência. Daí que cada uma dessas coisas possua o valor, um tanto genérico, da existência.

Em razão dessa autonomia, o ser jamais é um simples meio para o homem respeitador e para os seus eventuais objetivos e fins egoístas. Não se trata de algo que ele possa simplesmente usar; ele toma-o a sério em si mesmo, dando-lhe a vez de se mostrar na sua peculiaridade. Diante do ser, o homem respeitoso cala-se para deixar falar o existente. O homem dotado de respeito sabe que o mundo do ser é maior do que ele, que ele não é o Senhor, capaz de fazer com as coisas o que lhe aprouver; sabe que deve aprender com o ser, e não o contrário.

Esta atitude de abertura ao valor do ser encontra-se embebida da disposição de apreciar algo de mais elevado que o próprio arbítrio e prazer, de subordinar-se e abandonar-se a si mesmo. Permite que o olhar espiritual veja a natureza mais profunda de cada ser. Permite ao ser a possibilidade de desvelar sua essência e torna o homem capaz de assimilar valores. A quem se há de abrir a sublime beleza de um pôr do sol ou de uma Nona Sinfonia de Beethoven, a quem senão àquele que respeitosamente se abeira dela, abrindo-se interiormente ao respectivo ser que nela existe? Para quem há de reluzir o milagre que palpita na vida e desabrocha em qualquer planta, para quem senão para aquele que a contempla cheio de respeito? Em contrapartida, o mundo, cheio de sentido e de finalidades organizadas, nunca se desvenda na sua beleza e misteriosa dignidade a quem se limita a ver nele gêneros alimentícios ou um ganha-pão, isto é, qualquer coisa de que se pode servir e que lhe aproveita.

O respeito é o pressuposto imprescindível de todo o conhecimento profundo, e sobretudo de todo o deixar-se enriquecer e elevar pelos valores, de toda a subordinação à sua majestade. No respeito, leva-se em consideração o caráter sublime do mundo dos valores – nele se há de encontrar o voltar-se para esse mundo mesmo, aquela reverência ante as exigências objetivas e válidas que são imanentes aos valores e que, independentemente da vontade e dos desejos arbitrários dos homens, pedem resposta adequada.

O respeito é o pressuposto de toda resposta aos valores, de todo abandono a algo importante; ao mesmo tempo, é um elemento essencial dessa resposta ao valor. Sempre que alguém se entrega ao bem e ao belo, sempre que alguém se conforma à lei interior do valor, a atitude fundamental do respeito jaz implícita. É possível notá-lo mediante o exame das atitudes morais nos diferentes níveis da vida.

A atitude fundamental de respeito está na base de todo o gênero de comportamentos éticos do homem para com o seu próximo e para consigo. Só o indivíduo respeitador pode descobrir toda a magnitude e profundidade de cada homem enquanto pessoa espiritual, enquanto ser livre e responsável, o único entre os seres conhecidos que é capaz de compreender e comunicar-se com os outros seres, adotando perante as coisas uma posição cheia de sentido; o único destinado a tornar-se um recipiente de bondade, pureza, fidelidade, humildade. Como há de alguém abrir-se realmente a um outro, como há de sacrificar-se por ele, se não faz ideia da preciosidade e da abundância que se encerram numa alma humana, se não tem nenhum respeito por esse ser?

Além disso, esta atitude fundamental de respeito é pressuposto de todo o verdadeiro amor, sobretudo do amor ao próximo, porque nenhum amor é possível sem a compreensão dos valores que a pessoa traz consigo. O respeito pelo ser amado é parte *constitutiva* de cada amor. A capacidade de «escutar» a peculiaridade do outro, em vez de violar essa peculiaridade ao sabor dos próprios desejos, a capacidade de tomar a sério o ser amado e de lhe dar largas para que se possa expandir – todos estes elementos, que compõem a estrutura do amor autêntico, derivam do respeito. Que seria do amor de mãe sem o respeito pela criança em formação, por todas as possibilidades de valor nela latentes, pelas preciosidades da sua alma!

Um respeito semelhante claramente repousa na justiça para com os demais, na estima pelos seus direitos, pela liberdade das suas resoluções, bem como na limitação dos caprichos próprios e na compreensão das pretensões alheias. O respeito pelo próximo é por sua vez o fundamento de toda a verdadeira convivência, da reta incorporação no matrimônio, na família, na nação, no Estado, na humanidade; é ainda o fundamento da submissão à autoridade legítima, do cumprimento dos deveres morais para com a comunidade como um todo e para com os membros individuais que a compõem. *A falta de respeito rompe e corrompe a comunidade.*

Mas o respeito é também a alma do reto comportamento noutras esferas da vida; por exemplo, na esfera da *pureza*. O respeito pelo segredo da união conjugal, pela profundidade, delicadeza e caráter rotundamente definitivo dessa intimíssima entrega, constitui o pressuposto da pureza. É o respeito que, antes de mais, permite compreender como é pavoroso invadir abusivamente esse campo íntimo, compreender até que ponto há nessa invasão uma *profanação* e uma degradação de si mesmo e dos outros. O respeito pelo milagre da origem da nova vida, na mais estreita união amorosa entre dois seres humanos, fundamenta o horror a todas as demolições da misteriosa conexão que existe entre o amor e a formação de um novo homem, permitindo compreender quanto elas são injuriosas, artificiais ou impertinentes.

Onde quer que se ponham os olhos, onde quer que no homem deva florescer a vida moral, o respeito é sempre o fundamento e, simultaneamente, um elemento essencial dessa vida. Sem essa atitude fundamental, não há nenhum amor verdadeiro, nenhuma justiça, nenhuma consideração, nenhuma autoeducação, nenhuma pureza, nenhuma veracidade; mas, sobretudo, nenhuma profundidade. Sem o respeito, o homem torna-se mesmo *trivial* e *fútil* porque não entende a profundidade que se esconde nos seres, porque para ele não há mundo algum por trás ou acima do visivelmente palpável. Só para o homem respeitador se abre a esfera da religião. O sentido e o valor que se encerram no mundo como um todo, só aos seus olhos se revelam. Assim, o respeito como atitude moral fundamental jaz no início de toda a religião. Trata-se da base de todo comportamento reto do homem para consigo mesmo, para com o próximo, para com todo nível do ser e, sobretudo, para com Deus.

Fidelidade

Entre as atitudes humanas fundamentais para a vida moral, figura a *fidelidade logo após o respeito*. Pode-se falar de fidelidade em sentido amplo e em sentido estrito. Temos em vista o sentido estrito quando falamos de fidelidade a seres humanos; assim, por exemplo, no caso da fidelidade entre amigos, da fidelidade conjugal, bem como da fidelidade à própria nação ou da fidelidade a si mesmo.

Mas esta fidelidade já pressupõe a fidelidade em sentido amplo. Refiro-me àquela *continuidade* que primordialmente confere à vida do homem a sua coesão interna, a sua íntima unidade. Só firmando-nos nas verdades e valores que um dia se nos desvelaram é que se nos torna possível construir a personalidade.

O decurso de uma vida humana encerra um contínuo revezamento de diversas impressões, tomadas de posição, ações. Não conseguimos pensar muito tempo seguido numa única ideia ou permanecer com a atenção fixa num só ponto. Assim como na vida biológica se sucedem a fome e a saciedade, a fadiga e o vigor, assim também a vida do espírito tem certa mobilidade peculiar. Dada a sucessão de impressões que nos marcam, dada a torrente de acontecimentos que nos trazem ao espírito uma heterogeneidade de objetos, a nossa atenção não se pode fixar sempre do mesmo modo; e o nosso pensamento caracteriza-se por um ir e vir de conteúdo para conteúdo, outro tanto se podendo dizer dos nossos sentimentos e desejos. Mesmo num acontecimento feliz, como o reencontro longamente ansiado do ser amado, não nos podemos demorar muito; do pleno presente da alegria profunda, o ritmo das forças de nossa vida interior nos leva pressurosamente a outros rumos e a registrar experiências diferentes.

Mas – e é preciso enfatizá-lo – o mesmo homem tem diversos níveis de profundidade. A sua vida psíquica não se limita ao nível em que se dá essa contínua mudança, ao nível da atenção expressa da consciência atual. Quando continuamos a correr para outra impressão ou conteúdo, o passado, em vez de se perder sem mais, finca-se na camada mais profunda e aí sobrevive. Decerto que é já exemplo disto a memória, a capacidade de recordar, que liga passado e presente, e essa continuidade é contemplada em nossa capacidade de recordar, de ligar passado e presente.

Sobretudo, vemos essa continuidade na sobrevivência de fundo de nossas atitudes em face do mundo, das verdades e valores fundamentais, as quais permanecem inalteradas mesmo se nossa atenção atual se fixa em questões inteiramente diferentes. É mais ou menos desse modo que a alegria de um acontecimento profundamente feliz «sobrevive» no fundo da nossa alma, dando um colorido especial a tudo o que fazemos em determinado instante. Enquanto trabalhamos, continua a resistir, vivo, no fundo de nós mesmos, o amor ao ser amado, como uma reserva oculta por cima da qual se passa tudo o mais. Sem esta capacidade, o homem careceria de qualquer unidade interior, seria apenas um feixe de impressões e vivências sucessivas. Se uma impressão sempre e sem mais se substituísse a outra, se o passado se perdesse indiferentemente, a vida interior do homem ficaria privada de sentido e de conteúdo; não haveria nenhuma estrutura, nenhum desenvolvimento, não haveria sobretudo personalidade alguma.

Ora, ainda que esta capacidade de retenção, sem a qual se tornaria impossível a vida própria da pessoa espiritual, se dê em todos os homens, é decerto variável o grau em que se forma nos indivíduos concretos a coesão interna e persistente da sua vida. De muitos homens, dizemos que vivem apenas o momento; o instante presente goza de tamanho poder sobre eles que o passado, muito embora possua conteúdo mais profundo e importante, se esvai diante do insistente clamor do agora.

Os homens distinguem-se muito uns dos outros nisso. Uns vivem na camada mais superficial da sua consciência atual, e neles as vivências se sucedem fragmentariamente umas às outras, de modo que bem poderíamos denominá-los *efêmeros*. Outros vivem das camadas mais profundas do ser, e nada de significativo neles desaparece só por não ser já presente; antes, se torna posse inalterável deles segundo seu grau de importância, e as novas experiências significativas se lhe unem organicamente. Só destes últimos se pode dizer que possuem «*personalidade*». Só neles se pode formar uma plenitude espiritual interior.

Quantos não há que chegaram a conhecer grandes obras de arte, viram países magníficos, entraram em contato com homens notáveis – mas sem nada lhes deixar efeito duradouro! Talvez, por instantes, tenham ficado fortemente impressionados, mas nada lançou neles raízes profundas, nada «retiveram», pois desapareceu mal se deixaram levar por novas impressões. Esses homens são como uma peneira por onde tudo passa. Podem ser bons, afetuosos, honestos, mas atolaram-se num estado puerilmente inconsciente; não têm nenhuma profundidade, escapam-nos, são incapazes de relacionar-se realmente com outros homens, porque lhes faltam, de todo, laços profundos com o que quer que seja. São homens *irresponsáveis*, já que desconhecem condições duradouras e nada conservam de um dia para o outro. Ainda que as suas impressões sejam vivas, decerto não chegam a penetrar naquelas camadas profundas em que, por sobre as mudanças de um instante, se encontram as orientações e atitudes elevadas. Prometem honestamente alguma coisa num instante, mas logo a seguir tudo se esvai; concebem propósitos sob uma impressão forte, mas qualquer impressão mais forte que se siga lhos apaga. São tão *impressionáveis* que, na sua vida, só a camada exterior da consciência atual tem a palavra. Para esses homens, o que determina a dedicação e o interesse não é o valor e o peso de um assunto, mas apenas o viço e intensidade do «presente». O que os domina é esta preferência geral pela intensidade, em que a impressão presente ou a presente situação levam a melhor sobre o passado.

Há duas espécies no gênero destes homens volúveis. Primeiro, a daqueles em quem, geralmente, nada avança até a camada pessoal mais profunda, que permanece neles como que vazia. Só conhecem a camada da consciência presente. São sempre homens *superficiais*, carentes de vida profunda e de qualquer «firmeza» interior; parecem areia movediça, que logo cede sem mais: se procurarmos neles um âmago duradouro, sobre o qual se possa construir, logo se toca no vazio. Evidentemente, nunca é este o caso de um homem são; quem, em sentido literal, fosse puramente «instantâneo» seria um psicopata. No entanto, mesmo sem os podermos qualificar de psicóticos, são frequentes os homens cuja vida costuma transcorrer assim.

Quanto ao segundo tipo, temos de lidar com aqueles homens que no fundo têm impressões profundas e em cujas camadas mais íntimas muito se enraíza. Sua consciência mais profunda, pois, não é vazia; criaram em si um âmago firme, duradouro. Contudo, perturbam-se tanto com a impressão momentânea que o que têm de permanente não consegue *sobrepor-se* à impressão do instante que passa. Só quando esta se dissipa é que o conteúdo mais profundo pode voltar à luz. Tais homens, por exemplo, podem ter por alguém um amor profundo e duradouro; mas basta uma situação forte, viva, expressiva, para num momento se perturbarem de tal maneira que «esquecem» o ser amado, fazendo coisas ou dizendo palavras que nem de longe combinam com aquele amor que sobrevive lá no íntimo. São homens que sempre estão em perigo de se tornar traidores de si e dos outros. Neles, o presente avantaja-se continuamente ao ausente, pelo interesse momentâneo, pelo papel que desempenha nos seus pensamentos, sensações e desejos, embora, fundamentalmente, estimem mais o ausente, que a longo prazo manifesta uma importância inteiramente diferente. Se, por exemplo, sentiram-se impactados por uma obra de arte, uma relação duradoura com essa obra fixou-se no mais íntimo de suas almas. Não obstante, impressões novas e poderosas os capturam de tal maneira que as impressões anteriores não permanecem firmes na nova situação; como resultado, não se encontram traços da primeira impressão enquanto a nova perdura. Posteriormente, esvaído o efeito da situação nova, a antiga, que em si é mais profunda, recobra o lugar e a autoridade que lhe cabem.

Em contraste com estes dois tipos, o homem constante conserva tudo o que se lhe deparou como verdade e valor genuínos. A vivacidade do presente não tem poder algum sobre a sua vida, em confronto com o *peso interno* das verdades, uma vez reconhecidas, ou do *valor ético*, uma vez captado. A repercussão das coisas na sua consciência depende exclusivamente da altura do valor que possuem, e não da sua presença pura e simples.

Tais homens estão, por isso, imunizados contra a tirania de tudo o que é moda; já nada os impressiona só por ser moderno, por andar momentaneamente no ar, mas apenas por ser valioso, belo, bom, verdadeiro. Para homens assim, o mais valioso, o mais importante, é também e continuamente o «mais atual». Para eles, *os objetos dotados de valor nunca passam de moda,* mesmo que há muito tenham sido postos de lado no seu ambiente. A vida destes homens constitui uma trama coerente e cheia de sentido, que espelha continuamente no seu decurso a hierarquia objetiva dos valores, ao passo que a dos inconstantes vem a ser presa das situações e impressões que se lhes deparam fortuitamente. São eles os únicos a captar a sublimidade do que vale plenamente em todas as épocas e que, cheio de valor e de verdade, nunca envelhece, nunca desmerece. Compreendem que uma verdade significativa não perde o interesse nem nos deve ocupar menos, só porque nos é conhecida de longa data. Reconhecem sobretudo que o que é valioso não se limita a exigir-nos a atenção e o interesse no momento presente.

Só o homem constante compreende realmente a exigência do mundo dos valores éticos, só ele é capaz de responder aos valores com a resposta que objetivamente lhes é devida; isto é, com uma resposta *duradoura*, independente do encanto da novidade, da vivacidade do presente. Só aquele para quem jamais passa qualquer valor que *uma vez* tenha brilhado, aquele que não esquece nenhuma verdade *se uma vez* a penetrou – só esse faz realmente justiça à peculiaridade do mundo da verdade e dos valores, tornando-se capaz de se lhe manter fiel.

Esta constância, *ou fidelidade,* no verdadeiro sentido da palavra, é uma consequência necessária de toda a verdadeira compreensão dos valores e, portanto, de toda a vida moral no seu conjunto. Só uma resposta que se prende duradouramente aos valores é uma resposta moralmente madura e plenamente consciente. Sob o ponto de vista moral, só um homem destes é realmente *adulto*, digno de confiança; só ele se sente responsável por tudo o que tenha feito noutras situações; só ele se arrepende de fato da injustiça anteriormente cometida; só ele se sairá bem nas provações. Com efeito, para esse homem, a luz dos valores morais continua a brilhar no meio do embotamento do dia a dia, mesmo através da noite das tentações, porque é das profundezas que ele vive e é do fundo de si mesmo que ele se impõe ao momento passageiro. Quanto mais constante e fiel for o homem, tanto mais rico e valioso será, tanto mais capaz de se tornar um autêntico vaso de valores éticos, um ser que viva e duradouramente abrigue e irradie pureza, justiça, humildade, amor e bondade.

Basta observarmos as diversas esferas da vida, para logo encontrarmos por toda a parte o significado fundamental da fidelidade neste sentido amplo. Com efeito, essa atitude é o pressuposto de qualquer crescimento da pessoa em geral e sobretudo de todo o *desenvolvimento e progresso moral.* Como há de crescer espiritualmente quem não retém todos os valores que se lhe revelaram, quem não faz deles para sempre um cabedal próprio? Como há de realizar-se uma construção moral progressiva num homem dominado exclusivamente por impressões momentâneas e de pouca duração?

Quando temos de lidar com o tipo de inconstância radical que primeiro mencionamos neste capítulo, notamos que nada penetra as camadas mais profundas de uma pessoa assim. Homens do gênero estão interiormente mortos; sua personalidade carece de um âmago duradouro. Quanto aos homens do segundo tipo, o que lhes falta é uma verdadeira formação do decurso da vida, uma vez que os valores que outrora assimilaram, e que deveriam ser propriedade permanente de suas almas, acabaram por desaparecer. Sem constância, de que serve a melhor educação? De que servem as mais penetrantes advertências, a viva descoberta de valores, se nenhuma raiz se prende no fundo, ou no fundo fica apenas e sempre a dormitar? Por mais estranho que pareça, os homens volúveis *não mudam nunca*. Conservam as imperfeições e as preferências que possuem de seu natural, mas não conquistam novos valores éticos. Ainda que num determinado momento compreendam tudo e concebam os melhores propósitos, ainda que não lhes falte boa vontade, a inconstância impede-lhes qualquer progresso moral duradouro. Não porque se fechem, à maneira daquele que se contorce na sua soberba, tornando-se como que impermeável, mas porque se abandonam demais a qualquer impressão, não conseguindo segurar no turbilhão da sua vida *nem mesmo aquilo que tomam a sério.*

Toda *autoeducação pressupõe essa atitude de constância*. Só o homem constante consegue digerir interiormente as impressões contraditórias, extraindo o bem de cada uma delas, aprendendo e crescendo com as mais variadas situações da vida, porque permanece nele estável e viva a craveira dos valores autênticos. Em contrapartida, o homem volúvel cede ora a uma, ora a outra impressão, e, sem mais, «cai»; tudo nele passa mais ou menos sem deixar rasto. Isso pouco a pouco faz murchar sua compreensão dos valores e o quão suscetível permanece à sua influência. Só o homem constante *prefere o mais relevante ao menos relevante*, o valioso ao que o é menos; o volúvel, esse, no melhor dos casos, mede pela mesma rasoura todas as realidades valiosas, mesmo que assim pereça algum valor mais alto. Ora, para o crescimento moral e, de modo geral, para a vida moral da pessoa, nada é mais importante do que a consideração da hierarquia objetiva dos valores, *a capacidade de preferir constantemente os valores mais altos*.

A atitude fundamental da fidelidade é também pressuposto de toda a confiança, de toda a *credibilidade*. Como há de alguém manter uma promessa ou merecer crédito na luta das ideias se vive apenas no momento que passa, sem formar uma unidade de sentido com passado, presente e futuro? Quem poderá contar com ele? Só o homem fiel torna possível aquela confiança que constitui o fundamento de qualquer comunidade; só ele possui aquele elevado valor moral que reside na firmeza, na lealdade, na confiabilidade.

A fidelidade é, além disso, condição da própria capacidade de confiar e, sobretudo, da fé *heroica*. O volúvel, além de não merecer nenhuma confiança, jamais consegue crer com fé firme, inabalável: nem nos outros homens, nem em verdades, nem em Deus. É que lhe falta o vigor necessário para viver do valor que uma vez contemplou se o rodeia a noite e a escuridão, ou se outras impressões fortes arremetem contra ele. Não é por acaso que, nas línguas latinas, a palavra *fides* significa simultaneamente fidelidade e fé. Com efeito, a fidelidade é parte constitutiva e essencial do vigor da fé e, portanto, de toda a religião.

Muito especialmente nítido é o significado transcendente da fidelidade no campo das relações humanas. O que é o amor sem fidelidade? No fundo, uma mentira. Porque o sentido mais profundo de todo o amor, o «sim» interior que se pronuncia no amor, é uma íntima dedicação e entrega de si mesmo, que sobrevive *sem prazo algum*, inabalável através de todas as mudanças na correnteza da vida. Um homem que, por exemplo, diga: «Amo-te agora, mas por quanto tempo não sei», nem amou realmente, nem faz ideia nenhuma da essência do amor. A fidelidade é tão essencial ao amor que qualquer um tem de considerar *perene* a sua dedicação. Isto vale para todos os amores: para o amor aos pais, para o amor aos filhos, aos amigos, para o amor conjugal. Quanto mais profundo é o amor, tanto mais o penetra a fidelidade.

É precisamente nesta fidelidade que repousa o especial brilho moral do amor, a sua casta beleza. O que o amor tem de especificamente comovente, naquele caráter único com que nos surge no *Fidelio* de Beethoven, prende-se essencialmente com a fidelidade. A fidelidade imperturbável do amor de mãe, a fidelidade inconcussa de um amigo, possuem uma especial beleza moral que toca o coração de quem se abre aos valores. A fidelidade é, assim, o *núcleo* de qualquer amor grande e profundo, é imanente à sua natureza mesma.

O que é que há, em contrapartida, de mais moralmente baixo e disforme do que a infidelidade manifesta, a antítese radical da fidelidade, que ultrapassa largamente a inconstância? Que mácula moral se pode comparar com a do traidor que, por assim dizer, apunhala o coração que se lhe ofereceu cheio de confiança e indefeso? Quem for falto de fidelidade na sua atitude fundamental é um Judas perante todo o mundo dos valores.

Há homens que veem a fidelidade qual uma virtude burguesa, como mera correção ou probidade, uma lealdade técnica. Na opinião dessa gente, o homem livre, grande, genial, liberto de «convenções mesquinhas», não precisa da fidelidade. Eis uma insensata incompreensão da natureza verdadeira da fidelidade! É verdade que uma ênfase demasiadamente forte na própria fidelidade pode causar certa impressão penosa. É verdade que se pode criar uma imitação barata, inócua e complacente da fidelidade. Mas o certo é que a autêntica fidelidade é parte indispensável, constitutiva de toda a *grandeza moral*, de toda a verdadeira força e profundeza de uma personalidade.

A autêntica fidelidade de que aqui tratamos é o contrário da mera probidade burguesa ou da simples atitude de quem se aferra aos seus costumes. Seria um erro achar que resulta de um temperamento apático, assim como a inconstância não deriva de um temperamento vivo e impulsivo. A fidelidade é uma resposta livre e cheia de sentido ao mundo da verdade e dos valores, à sua significação *imutável* e *autónoma*, às suas exigências próprias. Sem essa atitude fundamental, não há nenhuma cultura, nenhum progresso no conhecimento, nenhuma comunidade; mas, sobretudo, nenhuma personalidade moral, nenhum amadurecimento moral, nenhuma vida interior una e consistente, bem como nenhum amor verdadeiro. Todo o esforço de educação precisa ter em conta este significado fundamental da fidelidade em sentido amplo se não quiser condenar-se de antemão ao malogro.

Responsabilidade

Quando qualificamos um homem de «moralmente consciente» e outro de «moralmente inconsciente», é porque temos diante dos olhos uma distinção básica sob o ponto de vista ético. O homem inconsciente «vai vivendo». É bem verdade que capta certos valores e lhes dá também resposta, mas tudo se passa como se não estivesse inteiramente acordado. Tudo nele permanece entregue ao acaso, sem expressividade. A sua vida como um todo não se subordina consciente e expressamente à espada da justiça, que define o bem e o mal. Ainda que, num dado momento, recuse algo mau e afirme algo bom, o que no fundo se passa é mais um render-se ao próprio temperamento do que uma cooperação verdadeiramente esclarecida com as implacáveis exigências dos valores e uma acomodação a essas exigências.

O homem inconsciente comporta-se, assim, ao sabor

da sua maneira de ser; ainda não descobriu em si a capacidade de se orientar livremente pelas exigências objetivas do mundo dos valores, independentemente das suas tendências pessoais. São inconscientes esses homens da capacidade, própria da pessoa espiritual, de aprovar ou condenar livremente os sentimentos naturais, conforme se harmonizem ou não com o mundo dos valores. Os homens inconscientes não despertam para a prerrogativa especificamente *moral* de que a pessoa espiritual goza de aprovar ou desaprovar livremente; não fazem uso dela. Em sua vida não encontramos qualquer autoeducação moral. Esta sonolência é obstáculo à transformação da personalidade. A sensibilidade moral, o *estado de vigília moral*, é um pressuposto indispensável da real capacidade de apreender, de responder e, portanto, de possuir os valores morais. Quem é moralmente inconsciente pode ser bom, fiel, justo, amante da verdade, mas apenas no sentido de um pálido reflexo dessas virtudes. À sua bondade, fidelidade, justiça e veracidade falta o autêntico brilho moral, o pleno e livre assentimento à majestade objetiva desses valores; falta-lhes a subordinação à sua lei eterna. Um caráter aleatório, cego, apodera-se do núcleo moral mais profundo da pessoa. As virtudes morais despojam-se da alma, da sua vida suprema, livre, cheia de sentido.

O respeito e aquela verdadeira fidelidade que chamamos constância estão intimamente relacionados a essa vigília moral. Além disso, *só se podem desenvolver* no homem *moralmente consciente*. Essa vigília moral é a alma da atitude fundamental que denominamos «senso de responsabilidade». Só quem for *consciente* do peso moral dos seus atos fará justiça à seriedade suprema que reside nas exigências do mundo dos valores. Trata-se de alguém que não se limita a captar o seu brilho, a sua íntima beleza e majestade, mas capta também o *domínio* que objetivamente este deve exercer sobre nós, o *apelo* inteiramente pessoal que só os valores fazem. O indivíduo responsável percebe o «tu deves» e o «tu não deves» que deles parte. Num estado de vigília, subordina a vida inteira à espada da justiça – ao imperativo dos valores; assim, torna-se em cada momento consciente da sua posição e *missão* no cosmos, e sente nitidamente que *não é dono de si mesmo* para pôr e dispor à vontade, que não é juiz em causa própria, mas tem de prestar contas a Alguém que o supera.

O contrário do homem com senso de responsabilidade é o homem leviano, sem seriedade. Tipo radical desta espécie de homens é aquele que, de um modo geral, não se interessa pelo mundo dos valores, mas tão somente por aquilo que o satisfaz subjetivamente. Trata-se do homem rude sujeito aos próprios desejos, aquele que passa ao largo de todos os valores, para quem o mundo inteiro nada mais representa que uma ocasião de gozar, tal como no caso dos homens sem respeito de que nos ocupamos antes. Neste sentido, vive como um néscio, quase como um animal. Do bem e do mal não se lhe dá nada; se a espada da justiça está suspensa sobre a sua cabeça, pouco lhe importa. Vive no ápice de uma leviandade medonha, por mais ponderado e cauteloso que seja no que se refere à busca de comodidades e prazeres. Logo se vê que um homem destes, que desconhece qualquer emoção provocada pelos valores e que não sabe entregar-se a eles, é inteiramente irresponsável.

Completamente diferente do frívolo é o homem moralmente inconsciente que, embora *capte* alguns valores, sinta o seu apelo e às vezes chegue a aceitá-los, sempre o faz *sem os entender bem*. Também ele está cheio de uma leviandade profunda, de certa ignorância a respeito da seriedade última do mundo dos valores e da sua exigência. Pode ser de boa índole, amável, generoso, solícito, mas sempre *sem a derradeira nobreza moral*. Falta-lhe também o senso de responsabilidade. Nas diversas situações da vida, não busca uma decisão verdadeiramente clara e inequívoca a respeito da questão dos valores; contenta-se com uma decisão baseada numa impressão casual do bem e do mal, do belo e do feio. Compreende-se que seja assim; para ele, não está em jogo a natureza objetiva e própria desses valores, mas apenas o saber se lhe assenta bem o comportamento em questão, se corresponde ou não intimamente ao seu temperamento. Assim, as atitudes que toma são também levianas, isentas de inequívoca clareza quanto aos valores em jogo em determinada situação concreta.

Há ainda, finalmente, uma terceira espécie de homens levianos: é a dos que, embora dotados de uma aspiração moral consciente, não se dão ao incômodo de *sondar a fundo* o que é que verdadeiramente está em causa em cada uma de suas decisões. Decidirá, em situações de gravidade, segundo a mera aparência do bem ou do mal. O que diz a opinião pública, o que lhes recomenda um conhecido, o que pelo costume se lhes afigura correto é quanto basta para os levar a tomar posição num assunto. Não compreendem que a gravidade da questão de saber se damos ou não aos valores uma resposta adequada exige absolutamente, antes da decisão, um *efetivo* esclarecimento sobre os reais fundamentos dos valores em jogo. O descuido de homens assim consiste em que não levam suficientemente a sério a questão do valor. A despeito da sua boa vontade, afirmam e negam *antes* de terem de fato escutado a voz dos valores, antes de se entregarem ao trabalho de examinar o que aos valores é devido.

Com uma irresponsabilidade destas, a vida do homem se torna uma espécie de jogo que vem a ser jogado na superfície. Na medida em que uma atitude assim prevalece, ele permanece imaturo e infantil. Essa atitude também é própria do homem tipicamente inconstante de que falamos em capítulo anterior e que, em virtude da influência das experiências presentes, é incapaz de reter as aquisições de sua experiência profunda. O homem que carece de senso de responsabilidade também responde de maneira demasiadamente veloz, sem dedicar-se a cotejar as novas experiências com o fundo de verdades que já descobriu. A atitude moralmente negativa dessa ausência de senso de responsabilidade desconcerta de modo especial quando lidamos não somente com uma atitude interior, mas também com uma ação externa transitória. Certamente, mesmo o «sim» ou o «não» interiores já possuem uma consistência própria; são reais, e não meros produtos da fantasia. Entre o momento em que germina em nós um simples desejo, uma possibilidade, e a decisão concreta de aceitá-los ou rejeitá-los, já há um abismo. Toda decisão, toda íntima adesão a um entusiasmo ou a uma revolta dão origem a alguma coisa de real e de irrevogável. Mais irrevogável, porém, é a ação externa, pois se trata de fatos que *já não podemos anular*. Na verdade, uma posição tomada interiormente pode pelo menos ser extinta, num elemento essencial, mediante um recuo também interior, mediante um arrependimento puro. Mas quem perde uma oportunidade única, quem não salvou alguém do perigo, já não o pode ressuscitar de entre os mortos.

O que há na irresponsabilidade, na leviandade, é também o falso respeito pela realidade, pelo alcance da ação realizada, a ignorância do que há de *definitivamente sério* na «maldita má ação, que por força continua a engendrar o mal» (Schiller). O leviano fica abismado quando percebe o que provocou. O que o torna culpado não é a má intenção, mas a ignorância generalizada acerca da seriedade e do alcance da realidade. Logo se vê que, neste relacionamento frívolo com a realidade, não só as decisões se tomam sem total consciência do que os valores exigem, mas também com absoluta falta de reflexão sobre as *consequências* da ação: não se leva o pensamento para além do momento presente. Sem dúvida, determinadas consequências são frequentemente imprevisíveis, mas, a maior parte das vezes, tanto as consequências presumíveis como as inevitáveis têm de ser igualmente examinadas no seu valor ou não valor antes da decisão. Caso contrário, a questão dos valores carece de verdadeiro interesse objetivo.

O homem dotado de senso de responsabilidade entende, pois, toda a *seriedade do mundo dos valores e suas exigências,* levando-as em consideração. Tem presente a seriedade e o caráter *irrevogável* da realidade em cada decisão. Na medida do possível, só decide, só toma posição, quando a questão do valor lhe é inequivocamente clara. A sua vida tem, assim, o cunho da maturidade, da seriedade em vez da frivolidade, da hombridade em vez do infantilismo. Isso, porém, não significa que o homem responsável tenha de ser tão *cauteloso* que demore muito a refletir antes de tomar uma posição e decidir-se. Pode decidir também sem delongas, sem examinar tudo a cada vez que decide, se, numa determinada situação, apreende com nítida clareza, logo à primeira vista, quais os valores em jogo. O essencial não é que a decisão do homem responsável se baseie num dado intuitivo ou numa reflexão examinadora, mas que o valor se lhe depare claro e inequívoco. Para caracterizar o senso de responsabilidade, não é essencial a distinção entre se a decisão teve por base uma intuição imediata do valor ou a deliberação. Tudo o que importa é se atinge ou não uma inequívoca clareza quanto ao valor.

Para caracterizar o senso de responsabilidade do homem de consciência desperta, não é essencial a distinção entre o temperamento cauteloso, hesitante, vagaroso, ou a rapidez enérgica das intervenções. Se decide mais depressa ou mais devagar, o homem responsável fá-lo porque, como que num relance, atinge ou não uma inequívoca clareza quanto ao valor em jogo. Não é seu temperamento, mas o grau em que os valores ou não valores lhe são objetivamente lúcidos, o que o fazem assumir uma posição imediata e aparentemente impulsiva num caso e, em outro, examinar a situação com cuidado e deliberação. Graças à sua vigília e ao seu respeito pelo mundo dos valores e pela importância da realidade, ele compreende que, antes de tomar uma decisão, é chamado a obter, tanto quanto possível, evidências dos valores em questão.

O homem verdadeira e conscientemente responsável nada tem que ver, porém, com o homem orgulhoso, empertigado, que se julga na obrigação de basear todas as suas decisões *no seu próprio juízo*. Esse homem sabe dos limites da sua sensibilidade para os valores, está ciente dos limites da sua competência; e, em vez de se fiar na confusa impressão que o seu próprio juízo extraiu das circunstâncias, prefere orientar-se pelo juízo claro de outra pessoa, a quem reconhece superioridade moral e maior sensibilidade para os valores. Escusado seria dizer que só se orienta pelo ditame de uma autoridade legítima. Nesses casos, o que ele tem de ver com clareza é a *superior sensibilidade moral* do conselheiro e a legítima natureza da sua autoridade. Não concederá nenhuma influência sobre as suas decisões à mera sugestão. Não se deixará persuadir ou desconcertar pelos outros; e, sobretudo, não permitirá que se lhe imponham opiniões e conselhos de outras personalidades que, pelo seu temperamento sobranceiro ou por uma superioridade anormal, apenas o intimidam e tornam inseguro.

O senso de responsabilidade é a base indispensável de uma verdadeira vida moral. É só mediante essa atitude fundamental de maturidade que tudo ganha a sua plena seriedade, a sua profundidade verdadeira. Não seria lícito, porém, confundir este senso de responsabilidade com um certo dar-se ares de importância moral, nem com qualquer sobrestimação da missão que nos incumbe no mundo. O que o homem responsável faz é, isso sim, *inflamar-se* inteiramente na respeitosa «escuta» do que é objetivamente justo, bom e belo, na desprendida *disponibilidade* para seguir sempre e em toda a parte o apelo dos valores. Este senso de responsabilidade prende-se menos ainda com aquela intimidação interior que caracteriza o *escrupuloso*. Se é certo que o escrupuloso nunca consegue preparar-se para examinar os valores em causa, não é por uma atitude fundamental de respeito pela viva importância desses valores, mas porque é ele que se julga muito importante. Além disso, o escrupuloso é simplesmente incapaz de aceitar sem mais um valor objetivo. Continua sempre a desejar alguma outra segurança, *à margem* do conhecimento dos valores. Em contrapartida, o homem verdadeiramente responsável detém-se ao ver com clareza se o assunto em questão é bom ou mau. Basta-lhe ter essa certeza para logo se sentir salvo e livre.

O senso de responsabilidade é uma atitude fundamental para uma visão religiosa do mundo. Nela, o homem pressente que subsiste acima dele não apenas um mundo impessoal de valores, mas um *juiz pessoal*, a quem cada um terá de prestar contas e que é ao mesmo tempo a Soma de todos os valores. Constitui, portanto, como o respeito, um fundamento de toda a religião. O seu significado é, como o do respeito e o da constância ou fidelidade, fundamental para todas as esferas da vida: para qualquer conhecimento verdadeiro, para qualquer comunidade de vida, para toda a criação artística; mas, sobretudo, para a vida moral, para a autêntica personalidade moral, para a relação da criatura com o seu Criador. Por conseguinte, um dos principais objetivos de toda educação e da formação da personalidade há de ser um senso mais pleno de nossa responsabilidade.

Veracidade

Entre os pressupostos fundamentais da vida realmente moral da pessoa, figura também a *veracidade*. Um homem insincero, mentiroso, não é apenas portador de uma grande desvalia moral, como o avarento ou o intemperante; *toda* a sua personalidade está doente, *toda* a sua vida moral, tudo o que nele possa haver de moralmente positivo está ameaçado, tudo é problemático. A sua atitude perante o mundo dos valores como um todo foi atingida no nervo vital.

O mentiroso não tem respeito pelos valores. Arrogando-se uma posição de *soberania*, põe e dispõe de tudo o que existe como se se tratasse de uma quimera, como se fosse um joguete do seu arbítrio. Ao valor inerente ao que simplesmente existe, nega a dignidade que o existente possui em confronto com o nada, recusa-lhe reconhecimento e resposta. O direito originário que todas as coisas têm de serem reconhecidas na sua integridade, o dever de não ter por branco o que é preto, de não ocultar um fato – tudo são coisas com que o mentiroso não se entende. Comporta-se com o existente como se não existisse. É evidente a espécie de atitude que temos aqui, particularmente desrespeitosa, arrogante, atrevida. Tratar um homem como se fosse vento, como se não existisse – eis aí talvez a máxima insolência e desprezo. Pois é essa a atitude que o indivíduo falto de veracidade adota perante o mundo. O louco não se importa com o que existe porque não o capta como tal. Mas o mentiroso capta-o perfeitamente, negando-lhe porém a resposta à sua dignidade e ao seu valor sempre que lhe convém ou lhe é agradável. A sua ignorância da criação é uma ignorância conscientemente culposa.

O mentiroso, de certa maneira, considera o mundo inteiro instrumento a serviço dos seus fins; tudo o que existe está aí, simplesmente, à sua disposição; se não precisa utilizá-lo, trata-o como não existente ou dá-lhe esse rótulo.

Na falta de veracidade cumpre distinguir três espécies. A primeira é a daqueles que se propõem enganar os outros por algum interesse egoísta. Referimo-nos ao *mentiroso astuto*, que não se importa nada de afirmar o contrário da verdade, desde que lhe convenha aos objetivos. Estamos em face de um homem consciente do seu propósito, que mente e engana os outros para atingir o seu fito, à maneira de um Iago no *Otelo* de Shakespeare, ou de um Franz Moor nos *Bandoleiros* de Schiller; no caso dessas personagens, é verdade, ainda acresce à finalidade da mentira uma maldade particular, que não é essencial ao puro e simples mentiroso. Com efeito, há também mentirosos cujos fins são menos daninhos.

A segunda é a daqueles que *se enganam a si mesmos* e, consequentemente, também aos outros. É o caso do homem que refuga sem mais tudo o que de difícil ou desagradável encontra na vida; que, além de fazer de conta que não vê, como o avestruz, tenta convencer-se de que a coisa é outra, ou de que fará isto ou aquilo, muito embora não possa deixar de saber que lhe faltam forças para tanto; que não admite os seus próprios erros; que, ao deparar com situações humilhantes ou de alguma forma penosas, teima em torcê-las, de modo que percam a sua aspereza. É patente o que caracteriza esta espécie de falsidade, se a confrontarmos com a do hipócrita e mentiroso. O embuste dirige-se sobretudo contra *ele próprio*, e só indiretamente contra os outros. Enganando-se a si mesmo, acaba por embair os outros como que de boa-fé. Não é consciente do seu propósito, como o mentiroso típico, nem tem a sua maldade, astúcia, vilania, pelo menos o mais das vezes. Desperta-nos muitas vezes compaixão. Mas nem por isso fica isento de culpa, pois recusa-se a responder ao valor e à dignidade do ser, arrogando-se também uma superioridade que não lhe compete. Decerto, não se deixa dominar pela insolência específica do primeiro mentiroso em relação à verdade; um resto de respeito pela verdade torna-lhe impossível ignorá-la ou deturpá-la propositada e abertamente. Teme semelhante responsabilidade: falta-lhe a coragem do hipócrita, e ladeia através da ilusão o conflito entre comodidade e respeito pela verdade. Tem algo de covarde e de fraco. Em vez da astúcia e da manha premeditada do mentiroso, o que nele subsiste é mais uma *manha instintiva*. O verdadeiro mentiroso está ciente de que mente. Sabe que ignora a realidade. Mas este outro, que vive na ilusão, nega precisamente que esteja passando por alto a verdade. E, enquanto deturpa e tergiversa esse fato, nas suas mentiras não se dá conta do conflito com a verdade.

Embora esta segunda espécie de falsidade tenda a ser menos maliciosa (a não ser no caso do fingimento do fariseu, que não vê a trave nos seus olhos – fingimento mau no mais profundo sentido do termo) e esse mentiroso seja menos responsável, as suas consequências sobre a totalidade da vida moral são incalculáveis. Os homens em quem ela se dá *não podem ser levados a sério*. Por mais que se comportem com correção moral nalguns casos isolados, quando não está em jogo a sua soberba ou cobiça, basta que os valores lhes exijam qualquer coisa de desagradável para que, mesmo sem perceberem claramente essa exigência, se afastem dela, porque logo se iludem, como se por qualquer razão essa exigência não lhes dissesse respeito, ou fosse apenas aparente, ou já a tivessem acatado. Nestes homens, a vida interior assemelha-se à areia movediça; nunca os podemos apanhar, escapam-nos sempre. No mentiroso consciente, ainda que moralmente seja muito negativo, é mais fácil uma conversão do que nestes *defraudadores de si mesmos*. Estes últimos, com efeito, estão mais doentes da alma, o seu mal tem a sua sede numa camada psicologicamente mais profunda. Vivem num mundo de ilusões. Ainda assim, a sua falsidade, em todo caso culposa, pode-se apagar através de uma livre e derradeira conversão, através de uma ruptura que se traduza numa consagração sacrificada, incondicional, ao mundo dos valores.

Na terceira espécie aludida, o corte com a verdade é menos culposo ainda, mas talvez chegue mais fundo e se reflita mais no âmago de seus perpetradores. Notamo-la naquelas pessoas nada genuínas cuja personalidade é uma fraude, que são incapazes de sentir verdadeira alegria, um entusiasmo autêntico, um amor autêntico, e cujas atitudes estão marcadas inteiramente pelo caráter da aparência. Estes homens não querem mistificar e iludir os outros, e também não mentem a si mesmos; mas não conseguem estabelecer nenhum contato real e verdadeiro com o mundo porque, aprisionados no seu eu, sempre olham para si mesmos, ainda que de través, viciando assim o conteúdo das suas atitudes. O seu erro já não se estriba na deturpação do existente, na falta de correspondência à sua dignidade, mas num *egocentrismo* geral, que tira ao seu comportamento a vida interior e converte todo o seu ser numa aparência.

Trata-se desses homens indefinidos, cujas atitudes são objetivamente «inautênticas»; muito embora tenham intenção honesta, suas alegrias e tristezas são artificiais. A falsidade, aqui, reside em que nada no seu comportamento é motivado pelo objeto e inflamado por ele, mas artificialmente estimulado; apesar das suas pretensões, comportam-se teatralmente, e as suas atitudes não passam de um simulacro oco.

Esta inautenticidade pode manifestar-se de muitas maneiras e sobretudo numa extensão muito ampla e variável. É própria do homem *afetado*, cuja conduta externa, não sendo efetivamente simulada, é porém muito pouco natural, fictícia. Dá-se no homem *sugestionável*, cujas opiniões e convicções são apenas as que os outros lhe impõem, para as repetir, ratificando-as, sem nunca se definir por coisa alguma com base na realidade das coisas. É própria do indivíduo *exagerado*, que em tudo está subindo de ponto, na sua tristeza, na sua alegria, no seu amor, no seu ódio, no seu entusiasmo, os quais agiganta artificialmente porque se delicia nessas atitudes.

Neste tipo há menos malícia ainda que no dos que mentem a si mesmos, mas não se vê nele nenhum fundamento donde possa nascer uma vida moral. Tudo nesses homens é inválido, o bem e o mal; tudo é irreal, tudo se reduz a uma frase, a uma aparência, a um nada. Também esta falsidade substancial é muito profundamente culposa, pois deriva de uma atitude fundamental de soberba.

Quem é realmente verdadeiro contrapõe-se a qualquer desses três tipos de falsidade. É autêntico, não mente a si mesmo e não mente aos outros. Respeitando profundamente a majestade de tudo o que existe, entende a exigência fundamental do valor que lhe é inerente. (Refiro-me com isso à obrigação de reconhecê-lo na sua consistência, para lhe corresponder como *sinal da verdade* que representa, e não para montar um mundo de aparência e nulidade.) O homem veraz corresponde à sua situação metafísica de homem, situação que não lhe proporciona onipotência alguma, como se o existente, qual pura quimera, tivesse que ceder aos seus desejos; isto é, tem exatamente em conta a verdade, não apenas em relação às coisas e fatos singulares que se lhe oferecem como objeto ao espírito, mas também em relação *à sua posição enquanto homem no seio do mundo*. Entende a íntima rebelião contra o mundo dos valores – em última análise *contra Deus*, o Existente absoluto, o Senhor do existente – que se esconde em toda falsidade. Compreende a responsabilidade que todo homem tem, como pessoa espiritual, em face da verdade, e que se traduz na necessidade de reproduzir a realidade nas suas declarações; compreende a *solenidade* inerente a qualquer afirmação, dado que nas suas afirmações o homem é chamado a dar testemunho da verdade. O homem veraz põe a exigência dos valores acima de todos os desejos subjetivos que o seu egoísmo, a sua comodidade lhe inspira. Detesta por isso toda ilusão, apercebe-se perfeitamente da fuga covarde à exigência objetiva do mundo dos valores, chegando mesmo a preferir a verdade amarga a qualquer felicidade imaginária. Para ele, está perfeitamente claro todo o sem-sentido de qualquer fuga para o mundo das aparências, a completa inutilidade e impotência da ilusão, o seu vazio e futilidade.

O homem veraz, por fim, que possui um relacionamento «clássico» com o ser, é o homem em quem todas as posições tomadas e todo o comportamento são *reais*; o homem que não enfeita nem exagera o que há nele, que não olha de través para si nem para os assuntos que lhe estão a exigir uma resposta. É o modelo da *lisura*, é – sem tirar nem pôr – o homem *objetivo* no mais alto sentido da palavra, aquele que na sua atitude fundamental é senhor de uma autêntica consagração aos valores; aquele que se conserva livre de si e da própria soberba, com uma *liberdade* que nunca o arrasta a usurpar no mundo uma posição diferente da que objetivamente lhe compete; e que, na sua pessoa, não concede às vivências um lugar diferente daquele que na verdade possuem, nem lhes imprime outro caráter.

O homem veraz *não busca compensar* nenhum complexo de inferioridade. A interdependência entre veracidade e humildade, que se traduz na conhecida frase «a humildade é a verdade», verifica-se também na ordem inversa: só o humilde é realmente verdadeiro. Em toda atitude de soberba, de «querer ser outra coisa» – não, naturalmente, no «querer *vir* a ser outra coisa», dentro dos limites que, por princípio, afetam o homem –, reside a fonte de toda a inautenticidade e falsidade. O mais profundo «sim» à verdade, ao existente, é o fundamento da autenticidade e da veracidade. Isto é amiúde mal entendido, tendo-se por especialmente verdadeiro o indivíduo pessimista, o cético, o homem que não reconhece nenhuma realidade acima da que lhe é palpável, o fatalista, o que abdica de qualquer intervenção modificadora do mundo e já não espera nenhum progresso e desenvolvimento. Seria um mal-entendido rotundo. Pelo contrário, todos esses tipos têm também o seu quê de falsidade. O seu «sim» é um sim dito apenas a um recorte do existente, não ao existente na sua total plenitude. Não reconhecem o mundo do bem, da justiça, da dedicação, e a promessa de desenvolvimento, de modificação, de elevação do próprio ser que palpita nessas exigências; desconhecem o *sentido* do homem e do mundo, que sem dúvida pertence ao existente tanto como as pedras do chão ou o ar que respiramos. Assim, não são pelo menos inteiramente verazes, porque dão o seu «sim» apenas à superfície da criação, e não à sua camada mais profunda e própria. Não obstante, a transformação e o desenvolvimento devem se dar no seio da individualidade e da capacidade da pessoa[1], isto é, devem ser ontologicamente verazes, e não se limitar a uma ilusão ou devaneio.

No não valor especial da mentira, representante clássica da falsidade, temos uma multiplicidade de elementos a considerar. Em primeiro lugar, a *rebelião* contra a dignidade do existente enquanto tal, a arrogância insolente, a ignorância da exigência elementar de corresponder ao existente com as declarações que se fazem, o *abuso* da condição de testemunhas do existente que nos é confiada no discurso, na palavra escrita ou falada. Em segundo lugar, *o engano de outrem* que a mentira comporta. Verifica-se nisso uma última desatenção, um não levar o próximo a sério. É uma ignorância do valor inerente a cada homem enquanto pessoa espiritual, um passar por alto a sua dignidade, o direito primordial que ele tem à verdade. É sobretudo um fundo *desamor* e um abuso da confiança que nos manifestam. É o que se verifica em qualquer engano propositado enquanto tal e tomado em si mesmo; mas muito especialmente no engano por meio de uma declaração falsa. Porque, pela sua forma, a comunicação produz-se tão

---

(1) Aqui, é claro, não me refiro à transformação moral, que se encontra sempre ao alcance de todo homem.

expressamente de pessoa para pessoa, está-se nela tão expressamente em face do outro como um «tu», é tão penetrante o apelo com que essa comunicação se dirige à *confiança* de homem para homem, que o desamor e a traição aos outros se tornam aqui mais crus e evidentes do que no engano por meio de um discurso equívoco ou de um comportamento enganoso.

Todavia, há casos em que o engano como tal pode ser permitido e até necessário. É permitido se, por exemplo, um criminoso nos persegue e o enganamos como quer que seja sobre o nosso paradeiro. É necessário se, comunicando a verdade, pudéssemos prejudicar gravemente alguém, no corpo ou na alma. Só que, nesta hipótese, não há qualquer desamor; pelo contrário, há uma consideração cheia de amor. Deste modo, é-nos permitido enganar outrem em determinados casos; noutros, vemo-nos obrigados a fazê-lo. Todavia, só podemos fazê-lo por meio de nossa interpretação da situação em questão, e não por meio de uma mentira direta.

A veracidade é, como o respeito, a constância ou fidelidade e o senso de responsabilidade, um alicerce de toda a vida moral. Como estas virtudes, encerra um alto valor e, como elas, é igualmente pressuposto fundamental e imprescindível de uma personalidade em que floresça a plenitude de valores morais autênticos. É o que se confirma em todas as esferas da vida. A veracidade é o alicerce de toda autêntica vida comunitária, das relações de homem para homem, de todo verdadeiro amor, de qualquer trabalho profissional, do conhecimento autêntico, da autoeducação e das relações do homem com Deus. Sim, há um elemento básico de veracidade, especialmente no fundo primordial de todo ser que se relaciona com Deus. Porque, no seu núcleo último, a falsidade significa *negar a Deus, fugir de Deus. Uma educação que não enfatize a sinceridade e a veracidade condena a si mesma ao fracasso.*

Bondade

A bondade é o coração de todo o reino dos valores morais. Não é por acaso que a própria palavra «bom», que sob o aspecto moral significa sem mais *plenitude de valor*, está aparentada com essa especial qualidade moral que denominamos *bondade*. A bondade é, entre todos os valores morais diferentes, o que mais incorpora todo o seu reino; é nela que o caráter geral da bondade moral como tal atinge sua expressão mais pura e mais típica. É o âmago de toda a moralidade e ao mesmo tempo a sua própria florescência. Por isso, o seu significado na esfera moral é inteiramente diferente do das atitudes fundamentais explanadas até agora, que, prescindindo do alto valor ético que lhes é próprio, constituem manifestamente pressupostos, bases da vida moral. A bondade, porém, não é pressuposto, é *fruto* da vida moral. Não um fruto entre outros, como a afabilidade, a paciência, a generosidade, mas *o fruto dos frutos*, aquele em que toda a moralidade de certo modo culmina, a rainha das virtudes.

O que é bondade? Quando é que dizemos de um homem que ele irradia bondade? Dizemo-lo se é solícito, todo atencioso, justo; se está pronto a sacrificar-se pelos outros; se perdoa os agravos sofridos, se é generoso, compassivo. Mas todas estas propriedades não são senão formas e expansões especiais do amor. Isto aponta-nos para a estreita conexão que há entre bondade e amor. O amor é como que *bondade fluente*, e a bondade é o *hálito* e a respiração do amor.

Vimos no começo que toda a vida moral se baseia em respostas a valores, respostas plenas de sentido como o entusiasmo, a veneração, a alegria, a obediência. Ora, o amor é, entre todas as respostas, a mais completa e mais profunda. Antes de mais, cumpre evidenciar que o amor é sempre uma manifesta resposta a um valor. Quando amamos alguém, quer se trate de amizade, amor paterno ou amor filial, quer de amor de noivos ou de amor ao próximo, sempre temos de chegar a reconhecer no outro uma figura *preciosa*. Enquanto o encararmos apenas como agradável, útil, como proveitoso para os nossos interesses, não o poderemos amar. Isto não significa que o amado não possa ter defeitos evidentes. Só que temos de ver a sua pessoa como um todo, cheia de valores, cheia de íntima preciosidade; mal a peculiar individualidade, o pensamento único de Deus que cada homem representa, se nos revela no seu encanto e na sua beleza, devemos poder amá-lo.

Sim, o amor é sempre resposta a valores. Não, porém, uma resposta qualquer, mas aquela que leva à entrega do coração, de si mesmo. No amor, o homem abre-se cada vez mais e mais profundamente aos valores – como em qualquer outra resposta, por exemplo na veneração ou na obediência; mas é com o amor que ele mais se demora na *plenitude* de valores. No seu mais próprio e pleno sentido, o amor vale sempre para pessoas. Há respostas que tanto se podem referir a coisas, fatos e acontecimentos como a pessoas. Assim, por exemplo, a alegria, a tristeza, o entusiasmo. Outras, em contrapartida, só podem valer para pessoas: tal é o caso da veneração, da gratidão, da confiança, da obediência e do amor. Trata-se de tomadas de posição perante outrem. O conteúdo com que o amor responde a outra pessoa, à sua beleza íntima, acusa dois elementos fundamentais: por um lado, a ânsia de compartilhar a sua vida, o seu ser, o desejo de união com o amado; e, por outro, o querer presenteá-lo e torná-lo feliz.

No amor, vai-se espiritualmente a toda a pressa ao encontro do outro, para ficar com ele e compartilhar a sua vida. Por outro lado, quem ama reveste o amado com o «manto» da bondade e trata-o espiritualmente com todo o carinho. Em todo o amor que merece o nome de amor se encontram ambos estes elementos, se bem que com acento desigual, consoante a espécie de amor.

O segundo elemento, esse interesse último no crescimento e na florescência do amado, na sua perfeição e na sua felicidade, em última análise na sua salvação – o «agasalho» que há no amor –, é que é pura «bondade fluente». É aqui que encontramos o que a bondade é, na sua mais pura expressão. Ao contrário do que sucede com a veracidade, que constitui resposta ao ser como tal, com a bondade dá-se sempre uma especial atitude de resposta a valores em face de alguma pessoa, ou quando muito em face de analogias inferiores de pessoas e de sujeitos. Dizemos «atitude de resposta a valores em face de pessoas em geral» porque a bondade de um homem não se confina numa atitude bondosa para com um indivíduo concreto que se ama. Ao qualificar alguém de bondoso, temos em mente alguém que se mantém *duradouramente* numa abertura cheia de amor, de modo que a sua atitude para com cada homem é *a priori* uma atitude amorosa, dadivosa. Porque evidentemente a bondade, como todas as virtudes, não se cifra num ato isolado; antes é uma qualidade do homem, parte constitutiva do seu ser duradouro, uma posição ou atitude fundamental.

Há três tipos de homens que formam uma antítese específica do bondoso: o indiferente ou frio, o impiedoso e o mau. O *mau* é o homem hostil aos valores, o homem em quem a soberba domina como atitude fundamental e que vive numa impotente rebelião contra o mundo dos valores. Não se limita a passar por este, embotado, como o cobiçoso: arremete contra ele, ainda que se tratasse, digamos, de destronar a Deus. Odeia o mundo do bem e do belo, o mundo da luz, como Alberich no *Anel dos Nibelungos*, de Richard Wagner. Está cheio de inveja e ressentimento contra este mundo e contra qualquer homem bom e feliz. Nutre-se do ódio, como Caim. O seu comportamento com os outros não é apenas desatencioso, mas expressamente hostil: quer atingir o próximo, ferindo-o com a peçonha do seu ódio. Com isto, não penso no «inimigo da humanidade», naquele tipo de homem a quem a deceção com todos e com a humanidade desintegrou e que, mais trágico do que mau, mais do que ir contra os homens, se afasta deles; penso, sim, no malévolo, pronto a derramar por toda a parte o seu veneno, como Iago no *Otelo* de Shakespeare ou Pizarro no *Fidelio* de Beethoven. Exemplo especial dentro deste tipo é também o *cruel*, que goza com os sofrimentos alheios. Em vez da clareza harmoniosa do bom, temos aqui a desunião tenebrosa; em vez do brilho quente do amor, que irradia vida e felicidade, o ódio corrosivo, acintosamente demolidor; em vez da afirmação clara, livre, a busca negativa do nada, um torturar-se na convulsão negativa.

Também ao bom se contrapõe o *impiedoso*. É o homem duro, frio, a quem nenhuma comiseração estremece, cujos ouvidos se fazem surdos a qualquer pedido, que passa inconscientemente por cima dos cadáveres, para quem os homens nada mais representam que figuras do xadrez dos seus planos. Não vai expressamente contra os outros, mas é um homem inteiramente duro e falto de amor. Tal pessoa de forma alguma tem em conta a essência dos outros como pessoas espirituais, como figuras sensíveis, vulneráveis. Ignora-os enquanto sujeitos de direitos e pretensões, trata-os como coisas. Representa uma modalidade clássica do puro egoísta. Pense-se em certos traficantes de escravos, ou no governador Gessler, do *Guilherme Tell* de Schiller. Em vez da íntima e desembaraçada liberdade do homem bondoso, temos aqui uma íntima convulsão e um íntimo endurecimento; em vez da abertura e lhaneza para com o próximo, o hermetismo impenetrável; em vez da resposta ao valor da felicidade ou ao não valor do sofrimento, a dilação dessa resposta; em vez da solidariedade com os outros – a capacidade de ultrapassar-se para folgar e sofrer com eles –, todo um emaranhar-se em si mesmo, o olhar gélido, brutal, que foge dos outros ou os passa por alto. Em vez da superioridade triunfantemente abnegada de quem se tem na conta de tributário dos outros e nunca procura o que é seu, a inferioridade do dominador brutal; e, em vez do generoso perdão dos agravos sofridos, a vingança inexorável.

Finalmente, é ainda uma antítese do bondoso o homem frio, *indiferente*. Trata-se do homem que passa ao lado dos outros ignorando-os, que, comodista, se absorve nos seus prazeres e que é igualmente um egoísta típico, se bem que com um colorido diferente do impiedoso. Não está cheio de durezas brutais, inexoráveis, nem se malquista com os outros, mas transborda de indiferença neutra. Sensibilizam-no talvez as cenas horríveis, tem repugnância e horror às doenças, não pode ver correr sangue; mas isso não passa de reação nervosa ao esteticamente repulsivo. Enquanto o bondoso socorre os outros prestimosamente, o indiferente foge das vistas que amedrontam e procura imagens agradáveis.

Por outro lado, este tipo é mais frio ainda que o impiedoso. Na verdade, o impiedoso é de uma frieza gélida, não conhece nenhuma voz do coração, é um homem «sem coração»; mas conhece o fogo da dureza, o frio ardor da intenção vingativa, do furor. Não é um indiferente. Não é invulnerável. Conhece, sem dúvida, a dura irritação que lhe causam ofensas e humilhações, se bem que não se deixe tocar no seu coração pela insensibilidade dos outros, pela injustiça e, sobretudo, pelo sofrimento e outros valores negativos objetivos.

O indiferente, em contrapartida, se não tem a dureza e brutalidade do impiedoso, nunca se toca com as ofensas; incomoda-o unicamente tudo o que for desagradável e penoso. Não é nenhum dominador, como o impiedoso, pode ser mesmo um esteta. O que jamais consegue é compreender outro homem, porque está demasiado ocupado com os seus afazeres. Não é apenas egoísta, é sobretudo também *egocêntrico*, quer dizer, ocupado com os seus próprios sentimentos e disposições, concentrado sempre em si mesmo. Considera que o mundo inteiro está aí para a sua satisfação. Assim, é incapaz de qualquer emoção íntima e profunda; no fundo, tudo o deixa na mesma. Em vez do calor e fervor do bondoso, reina aqui uma neutralidade desoladora; em vez de riqueza e fecundidade interiores, o que aqui temos é escassez estéril, vazio infrutífero; em vez da vigilância e da abertura do bondoso, obtusidade embotada e cegueira para os valores; em vez da largueza do palpitante interesse com que o bondoso envolve o mundo, uma estreiteza tapada.

Vemos assim os traços essenciais que a bondade acusa: luminosidade harmônica, liberdade interior e desprendimento, a vitoriosa superioridade do amor, que é o segredo do livre espírito de serviço; abertura à vida e aos outros homens, calor, fervor, suavidade e doçura, a largueza de um palpitante interesse pelo mundo, vigilância e sensibilidade para os valores. É de notar, sobretudo, como a bondade, na sua brandura e doçura, representa ao mesmo tempo a mais alta força. Em confronto com a sua força vitoriosa, com essa superior segurança e liberdade, toda a força do homem dominador se afigura lastimável fraqueza e afetação pueril. A bondade, com efeito, não se confunde com o débil espírito acomodatício, desprovido de resistência. Quem é verdadeiramente bondoso pode ser inexorável se o tentam desviar do caminho reto e se a salvação do próximo exige rigores imperiosos: resiste, inabalável, a seduções e tentações.

Menos ainda devemos confundir a bondade com a *bonacheirice*. O bonachão é inofensivo e, levado de certa inércia e sonolência, permite que dele abusem pacificamente, sem o notar. A sua amabilidade nasce de uma tendência natural inteiramente inconsciente. Em contrapartida, a bondade brota de uma resposta que o amor dá aos valores conscientemente; é *vigilância ardorosa*, e não inércia inofensiva. O que nela há é a mais intensa vida moral, não uma ignorância sonolenta; é força, não debilidade. Ninguém obtém um serviço do homem bondoso abusando dele, à míngua de uma oposição resistente; é livremente que ele serve, é livremente que se humilha.

Na bondade reside uma luz que confere também ao bondoso uma dignidade intelectual específica. O homem verdadeiramente bondoso nunca é tolo e obtuso, por mais desajeitado que seja espiritualmente, por mais apoucado que seja em atividades intelectuais. O homem não bondoso – seja qual for a variante em que se apresente –, esse, sim, é que no fundo é sempre limitado, obtuso, ainda que tenham sido geniais as suas realizações na esfera intelectual. A bondade, essa respiração e esse hálito do amor, é a alma de toda a verdadeira vida moral e, é claro, da verdadeira vida da alma. Ao passo que as outras atitudes éticas fundamentais representam, ao todo, uma resposta ao mundo dos valores, a bondade constitui de modo especial o *reflexo de todo esse mundo* na pessoa, uma fala que traz a sua voz e o seu nome.

À bondade aplica-se o que se disse do amor: «Quem não ama permanece na morte». Na sua força misteriosa, desconcerta o mundo; traz à mostra o sinal do triunfo sobre toda a maldade e desordem, sobre o ódio todo e sobre todo o embrutecimento.

Comunhão

por Alice von Hildebrand

O grande escritor francês Léon Bloy escreveu certa vez: «Há apenas uma tristeza: o não sermos santos». Por outro lado, Gabriel Marcel diz que «há apenas uma tristeza: ser sozinho».

À primeira vista, essas duas afirmações são completamente diferentes. Todavia, se pararmos para considerar mais a fundo aquilo a que Gabriel Marcel chama tão aptamente «os mistérios do Ser», veremos que há uma conexão profunda, ainda que sutil, entre ambas; e é a natureza deste vínculo que examinaremos a seguir.

O santo é precisamente aquele que vive em constante e íntima comunhão com Deus, aquele que não permite que nada nem ninguém o separe dEle, aquele que vitoriosamente liga a Deus tudo quanto lhe acontece: doença ou saúde, pobreza ou riqueza, infâmia ou fama. Santo é quem venceu o isolamento criado pelo pecado: o Pecado Original, que rompeu o relacionamento existente entre Deus e o homem e, por conseguinte, o relacionamento entre os homens mesmos. Quando Adão e Eva viram-se exilados do paraíso terreno, foram exilados *juntos;* não obstante, essa aparente conjunção não nos deve cegar para o *isolamento* entre os dois.

O Pecado Original levou a um estado de separação entre o homem e Deus, e toda a obra redentora tem por meta retificar essa ruptura e resgatar o triunfo da comunhão.

Para que possamos lançar mais luz sobre a questão, contemplemos por um instante a natureza humana. O homem é a substância mais perfeita que conhecemos por experiência própria, uma vez que é o indivíduo mais perfeito que conhecemos; jamais pode deixar de ser ele mesmo nem se tornar mera parte de outra coisa. Concebe-se perfeitamente bem que o homem deixe de existir no momento de sua morte, mas é de todo inconcebível que continue a existir se desaparecer como indivíduo e for *absorvido* como parte de uma realidade maior.

Por outro lado, e precisamente em razão de sua individualidade, o homem está destinado a entrar em comunhão com outras pessoas, e é nessa comunhão e por meio dela que ele se realiza a si mesmo. Para entendermos a natureza dessa verdade fundamental, devemos libertar-nos de um preconceito profundamente enraizado em certos círculos intelectuais: o preconceito que consiste em acreditar que o protótipo da comunhão é a fusão. Nunca é demais insistir no abismo que separa as duas coisas; quando duas gotas d'água se fundem e se fazem uma só, não se pode falar em comunhão entre elas, uma vez que não possuem o conhecimento de que se uniram. O conhecimento é pressuposto essencial da comunhão.

Assim vemos que, precisamente por ser substância mais perfeita do que qualquer outro ser que conheçamos pela experiência, o homem é capaz de entrar em comunhão com outros. As duas grandes formas de comunhão são o conhecimento e o amor. Pelo conhecimento, volto-me espiritualmente para outra pessoa, ao que se estabelece entre nós, por meio de perguntas e respostas, um contato espiritual impensável e impossível num mundo impessoal. O clímax da comunhão entre as pessoas alcança-se com o amor, como veremos mais adiante.

Agora que estamos agudamente cientes da vocação do homem à comunhão com outros seres pessoais, vemo-nos prontos para compreender por que o homem sofre quando fracassa nisto. A ansiedade e o desespero que se manifestam nos rostos de muitas pessoas são expressões da tristeza que o ser humano sente quando se descobre isolado, retraído em si, incapaz de estabelecer comunhão com outrem. Talvez não seja exagero afirmar que o drama da sociedade em que vivemos deve-se a que atribuímos enorme peso aos contatos *sociais* enquanto vivemos num trágico isolamento.

Examinemos, pois, brevemente os vários tipos de solidão que se podem identificar na vida humana. Primeiramente, existe um tipo de solidão gerado pelo estar total e inteiramente só do ponto de vista físico. Há situações em que se experimenta esta solidão com alívio; por exemplo, quando estou com outras pessoas que se comportam com frieza ou distância em relação a mim. Tão logo vejo-me sozinha mais uma vez, sinto que posso respirar novamente. É manifesto que estar sozinho nessas circunstâncias é uma bênção, mas não devemos inferir erroneamente que isso seja sempre assim. Relembremos que o confinamento na solitária é uma forma tradicional, e particularmente refinada, de punição, pois faz que o homem se retraia sobre si, forçando-o, por assim dizer, a ver-se diante das próprias limitações.

A solidão pode estar ligada a um tipo específico de ansiedade. Suponhamos que me encontre em grande perigo físico, isolada no topo de uma montanha. Subitamente descubro que alguém se encontra na mesma provação que eu. Dá-me isto um sentimento de júbilo e alívio. *Nós* encontraremos alguma saída juntos; *nós* ajudaremos um ao outro. Mas, para muito além da possibilidade de ajuda que a presença de outra pessoa me possa oferecer, o fato de não me encontrar mais sozinha num universo vasto, frio e impessoal cria uma situação totalmente nova, uma situação em que a possibilidade de comunicação e conversação aquece a fria objetividade de um mundo feito para a presença humana. De repente, sou transportada para o «espaço intrapessoal». Relembremos o imenso alívio de Dante quando, após uma noite passada entre apreensões, avista Virgílio (sem saber de quem se trata): «Tem misericórdia de mim, implorei em prantos,/ Sejas tu sombra ou homem real».

A solidão física também me pode fazer perceber a transcendência vitoriosa de meu amor por outra pessoa; pois, embora esteja separada dela, sinto que nenhum poder humano pode verdadeiramente romper o laço que une os que se amam. Por outro lado, e estreitamente vinculado a esta experiência de vitória, está o sofrimento agudo que resulta da própria separação; basta lembrar-nos das profundas palavras de Keats a Fanny Brawne: «O ar mesmo que respiro é insalubre sem ti».

Mas então chegamos a outro tipo de solidão, completamente distinto do primeiro: a solidão que experimento quando estou *com* outras pessoas em algum tipo de ocasião social. O fato de alguém sentir-se completamente isolado na companhia de outros é comprovado por experiências inúmeras. A transcendência do homem em relação aos animais, que pode ser demonstrada de tantas formas, também se evidencia pelo fato de os animais se contentarem com a mera presença física de outros animais; no caso do homem, a presença física dos outros divorciada de qualquer tipo de contato espiritual consiste numa forma refinada de sofrimento. Ao ler as peças de Gabriel Marcel, surpreendemo-nos por seus personagens se queixarem de *solidão* mesmo sendo indivíduos casados que vivem em aparente comunhão uns com os outros. Em certos casos, pode-se realmente falar de uma multidão solitária, de pessoas amontoadas enquanto permanecem em desesperador isolamento. Alguns coquetéis a que estive presente possuíam todos os sinais dessa comunhão enganosa, dessa mentira social. Há uma maneira de cumprimentar as pessoas em que o conteúdo das palavras empregadas («Que satisfação em vê-lo!») é formalmente negado pelo tom de anonimato a que se recorre. Percebe-se com clareza que a pessoa que sente tanta «satisfação» não prestou atenção em você por um só momento: tratou-o como um número, como um objeto, como uma coisa, e de maneira nenhuma como pessoa individual.

Temos de nos dar conta de que a sociedade altamente mecanizada constitui ameaça muito real aos relacionamentos humanos; cada vez mais acostumamo-nos a ver os outros como «números» numa multidão, e não como indivíduos reais, únicos e insubstituíveis. Deste ponto de vista, sou capaz de apreciar a profundidade da observação de Kierkegaard segundo a qual Deus não conhece multidões, mas apenas indivíduos.

Certa vez, recebi um elogio que ainda hoje estimo muito. Disseram-me: «A senhora é a primeira pessoa em minha vida que se dispõe a ouvir-me». Essa observação foi para mim uma surpresa, pois recordamos que, depois de ouvir esse amigo, sua interlocutora não sabia o que responder. E eis que descobrimos que ele não esperava resposta alguma; queria somente saber que havia alguém disposto a ouvi-lo, disposto a levar seus problemas a sério.

Graças a ele, descobri a natureza de uma falta fundamental nos relacionamentos humanos: a falta de *reverência* com que tendemos a nos aproximar dos outros. Numa de suas obras éticas, meu marido certa vez escreveu: «A reverência é a mãe de todas as virtudes». Sinto-me inclinada a acrescentar: «A reverência é também a mãe de todas as relações humanas». A esta altura, uma distinção tomada de Gabriel Marcel nos ajudará a compreender um dos grandes perigos que ameaçam a comunhão. Segundo ele, devemos traçar uma distinção fundamental entre «problemas» e «mistérios». Problema, diz, é uma dificuldade objetiva que ostenta duas características ou peculiaridades principais. Em primeiro lugar, é totalmente independente de mim; é objetivo na acepção científica do termo. Depois, pode ser resolvido e, uma vez resolvido, deixa de ser um problema. Assemelha-se a um nó que se atou.

O mistério, por outro lado, está assaz ligado a mim, e de tal maneira que não posso aproximar-me dele adequadamente sem perceber que nele estou eu mesma envolvida: *Tua res agitur*.

Ademais, um mistério jamais pode ser «resolvido» de forma que deixe de ser um mistério. Um exemplo ilustrará esta questão: existe o mal no mundo. Segundo Marcel, temos forte tendência a ver o mal como um acidente que se dá no complicado maquinário do universo; interpretamo-lo como engrenagem faltante de uma estrutura complexa e pomos a culpa no criador do universo por não o ter projetado adequadamente. Por outro lado, procuramos uma solução para esse problema, e a solução mais assustadora que o homem já encontrou até o momento é aquela do comunismo. Afinal, o comunismo afirma ser a solução final para todos os problemas humanos; afirma ter descoberto que a engrenagem faltante é uma compreensão adequada da esfera econômica. Uma vez que as riquezas se tornem propriedade exclusiva do Estado, todas as dificuldades humanas se resolverão, uma vez que todos receberão de acordo com sua produtividade e necessidades. O «problema» é resolvido, e o resultado são campos de concentração bem organizados.

De fato, o mal não é um problema, mas um mistério em que eu mesma me encontro pessoalmente envolvida; com efeito, é inútil lutar contra o mal do mundo, seja sob a forma das injustiças ou da maldade, se eu não descobrir as raízes da mesma doença na minha alma mesma. Devemos, no entanto, acrescentar a esta distinção de Gabriel Marcel que o termo «mistério» pode aplicar-se a coisas diversas.

Primeiramente, existe o «mistério» em sentido religioso; trata-se daquilo que ultrapassa a esfera racional, isto é, o suprarracional que só podemos abraçar por meio da fé. Exemplos deste tipo de mistério são a Santíssima Trindade ou a transubstanciação eucarística.

Em segundo lugar, existem antinomias racionais que não conseguimos resolver com a razão: por exemplo, a coexistência do mal e da bondade infinita de Deus. Não são suprarracionais, mas permanecem enigmáticas para nosso raciocínio, ao menos durante a nossa existência terrena.

Depois, há coisas que não podemos resolver na prática; coisas que não podem ser mudadas por plano nenhum, por nenhum esforço humano – como o mal que há neste mundo.

Aqui, a tentativa de «resolvê-las» pela regulamentação humana acaba por piorá-las, como já vimos no caso do comunismo ou de qualquer messianismo terreno.

Em quarto lugar, podemos dizer que um mistério é algo que, em razão de sua profundidade e riqueza, faz-se inacessível à penetração puramente racional *more geometrico*, isto é, de modo geométrico. Neste sentido, a pessoa humana é um mistério; o amor é um mistério; a beleza é um mistério.

Embora não sejam suprarracionais, embora não contenham nenhuma sorte de antinomia, esses mistérios escapam ao tipo de explicação racional que se encontra na lógica ou na matemática. São também tão profundos que jamais os conseguimos exaurir com o conhecimento. Nesse sentido, a comunhão com os outros é um mistério. É este último sentido da oposição entre mistério e problema que se aplica ao nosso contexto específico. Marcel afirma que mistérios filosóficos não podem ser resolvidos; o que podemos fazer é verter luz sobre eles.

Ora, somos constantemente tentados a ver os outros como «problemas». E, como temos de conviver com eles, estamos sempre ávidos por «dicas» sobre como tratá-los. Por exemplo, ouvimos dizer que certa pessoa com quem precisaremos trabalhar tem em altíssima conta a si mesma e suas conquistas; imediatamente inferimos que, para «a trazermos para o nosso lado», teremos de fazer-lhe elogios. Pois bem, não afirmamos que seja ilegítimo tentar trazer alguém para o nosso lado, mas definitivamente dizemos que o proceder se torna ilegítimo no momento em que reduzimos o outro ao nível de um quebra-cabeça, sem demonstrar reverência alguma pelo seu verdadeiro «eu»; torna-se ilegítimo no momento em que o vemos como uma maquininha complicada cujo código secreto temos de descobrir. Na hora em que o descobrimos, conseguimos operar a máquina à vontade e extrair dela qualquer reação que desejemos.

Não é difícil ver que essa atitude é pavorosamente irreverente e não tem por base o menor traço de respeito pela individualidade alheia.

No entanto, também é possível que alguém seja responsável por seu próprio isolamento. Se faço de mim o centro absoluto do universo e enxergo a tudo e a todos exclusivamente a partir das possíveis vantagens ou desvantagens que me possam prover, fecho-me dentro de mim mesmo, e não deveria espantar-me se me encontrasse em isolamento total.

Na *Divina comédia*, Dante distinguiu as duas formas de isolamento que acabamos de mencionar; no inferno, terra do isolamento, os hereges sofrem de absoluta solidão, cada qual enterrado no túmulo de seus próprios erros, ao passo que outro tipo de punição consiste na união sem amor, em que a presença daquele que odeia o condenado só faz aumentar seus sofrimentos.

Por fim, pode-se falar de um tipo de solidão gerado por um não dualismo radical. Essa última posição é característica de algumas doutrinas orientais que afirmam serem todas as coisas, de fato, uma só: não passa de ilusão cósmica acreditar na existência da multiplicidade. No final, todas as coisas retornarão ao princípio metafísico primeiro e imutável, que é a única realidade verdadeira. É possível argumentar que essa atitude provém de um desejo ardente, ainda que inconsciente, de alcançar a comunhão. Seja como for, a fusão metafísica absoluta não atinge a comunhão, mas antes torna-a impossível; pois uma parte não é e não pode estar em comunhão com o todo, e sim ser absorvida por ele.

Voltemo-nos agora a uma análise mais próxima dos obstáculos que se devem superar a fim de que a comunhão entre duas pessoas se estabeleça. Mais uma vez, tomemos uma ideia de empréstimo a Gabriel Marcel. Diz-nos ele em diversas obras que todo homem tende a permanecer aprisionado no círculo estreito de seu interesse próprio e de seu egoísmo; isso constitui o que ele chama de *moi*, que pode ser comparado a uma mônada fechada «sem janelas», para citarmos Leibniz. Todavia, diz Gabriel Marcel, o homem possui outras possibilidades; também pode libertar-se do egocentrismo de seu próprio egotismo e, simultaneamente, abrir-se a uma dimensão diferente de seu ser. Eis a descoberta do «eu» em mim mesma que se põe diante de um «tu», isto é, de outra pessoa com quem estou em comunhão.

O nascimento do «eu» em mim mesma implica uma vitória gloriosa sobre a minha estreiteza e egoísmo. Essa vitória vem precedida de uma batalha, e é precisamente esta batalha contra o egoísmo que muitas pessoas não estão dispostas a empreender. É por isso que muitos preferem o ninho confortável de seu egoísmo à aventura de arrombar as portas de seu «eu» para encontrar o outro. Os homens podem, ademais, concluir que toda comunhão implica um risco e que, ao aceitá-lo, também abrimos as portas aos sofrimentos, às desilusões, a uma potencial amargura. Não seria «mais seguro», mais razoável, permanecer pacificamente aprisionado dentro de si? O amor à mediocridade, tão profundamente arraigado na natureza humana, com frequência se traveste de razoabilidade: «O que posso esperar? Os homens não conseguem encontrar-se uns aos outros, afinal. Não desejo expor-me à amargura e à desilusão. Não faço mal a ninguém permanecendo em mim mesmo».

Quanto mais alto o objetivo, mais riscos ele implica. O grande dom da liberdade implica o risco do pecado. Mas, sem esse risco, os valores morais não seriam possíveis. A bondade moral é tão elevada aos olhos de Deus que Ele não fugiu ao risco contido na liberdade. Sim, os riscos que se assumem por mera ousadia, ainda que nenhum valor elevado esteja em questão, são extensão da autoconfiança. Não deveriam ser assumidos. Porém, fugir a um bem maior, a um grande dom de Deus, somente porque um risco pode estar a ele atrelado é um erro crasso.

A comunhão é um dom, e nenhum esforço de minha parte jamais poderá alcançá-la; contudo, devo mostrar-me pronta, «aberta», como Gabriel Marcel o coloca. Ou seja, devo ter a prontidão interior de aceitá-la se me fosse oferecida. Se decidir, por princípio, recusar qualquer dom que se me conceda, estarei optando pela minha mediocridade e finitude. Estabeleço-me na estreiteza sufocante do meu egoísmo e rejeito a oferta concedida para entrar num mundo em que, ao perder meu *moi*, venço a mim mesma.

É interessante notar que o homem é de tal maneira feito para a comunhão que, quando fracassa em atingi-la com outros homens, busca estabelecê-la com os animais. Poder-se-iam citar numerosos casos de pessoas que devotam toda a sua afeição aos bichos. Lembramo-

-nos de uma senhora que viveu em nosso bairro por muitos anos e cuja afeição por seu cachorro tornava-a o centro de interesse da vizinhança. Ela conversava com ele o tempo todo, dizendo-lhe coisas como: «Pelo menos você não irá abandonar-me. Permanecerá fiel a mim...». Não obstante a lealdade canina seja notável e que um cão nunca abandone ou traia, jamais nos devemos esquecer que a lealdade de um cão não pode ser nunca algo mais do que uma lealdade canina.

Faz pouco tempo que, folheando um best-seller contemporâneo intitulado *Ring of Bright Water*, deparamo-nos com uma passagem na qual o autor conta que, quando sua lontra morreu, sentiu mais a sua falta do que teria sentido a falta da maioria das pessoas que conhecia, pois «ninguém confiou em mim tão inteiramente quanto minha lontra o fizera». Nota-se facilmente a tragicidade implícita em palavras assim.

A comunhão humana implica risco porque se baseia na liberdade e porque nunca teremos garantia matemática externa de que não nos causará desilusões. Todavia, como se viu, todas as grandes coisas da vida pressupõem riscos: a criação de obras de arte, o nascimento, a vida, a amizade, o casamento.

Outro motivo, creio, que tão frequentemente nos impede de atingir a comunhão em nossa sociedade é a importância que damos ao trabalho, a nossa função na sociedade. Meus alunos relatam que, do início da juventude em diante, toda a ênfase de sua educação se fundamenta sobre a questão: «O que você *fará* para ganhar a vida?». Pouco se diz (se é que se diz algo) quanto ao que alguém será como pessoa. Pouco a pouco, acostumamo-nos a nos ver como enfermeira, secretária, professora, e assim por diante; e essa visão definirá fortemente a formação de nossa personalidade. Existe algo a que podemos chamar a «típica telefonista»; pode ser caracterizada como alguém dotada de uma gentileza marcadamente vazia. Seu «Queira desculpar-me» quando transmite a ligação errada é impecavelmente correto e notavelmente vazio de remorso. Está desempenhando um papel social, e esse papel social marcou tanto sua personalidade que, uma vez casada e tendo queimado o jantar, o «Queira desculpar-me» dito ao marido terá o mesmo tom que ela emprega ao atender o telefone.

Outro dia alguém nos telefonou, e só seu modo de saudar-nos revelava o propósito da ligação: era a responsável por um Fundo de Assistência Social Hospitalar que desejava pedir-nos que liderássemos a campanha em nossa casa. Pareceu-nos trágico que alguém pudesse encarnar de tal maneira o estereótipo do organizador de campanhas hospitalares a ponto de ser identificado pela sua função.

Esse «funcionalismo», se é que o podemos chamar assim, constitui uma grave ameaça às relações interpessoais, uma vez que me impede de descobrir a mim mesma, de saber quem eu sou. Kierkegaard tinha consciência desse perigo; relembra-nos eloquentemente que um homem deve ser homem antes de ser, por exemplo, professor.

Nossa sociedade é severamente ameaçada por essa impessoalidade, e acreditamos que, para lutar contra ela, devemos conscientizar-nos do perigo que constitui para nossa vida pessoal. Também precisamos reconhecer que devemos *respeitar-nos* a nós mesmos, a imagem de Deus em nossas almas. Na nossa sociedade coloca-se tanta ênfase nas realizações pessoais que, no fim, somos levados a desconsiderar completamente o que uma pessoa *é*. O que temos em mente está codificado na famosa expressão: «Ele é um *self-made man*». Ela nos incita a admirar alguém cujos feitos são tão notáveis que, de fato, ele teve sucesso em fazer algo que não se pode fazer, isto é, criar a si mesmo.

Os complexos de inferioridade (tão na moda estes dias) surgem principalmente porque fazemos uma comparação malsã entre as realizações de outrem e as nossas. Mas quanta atenção negamos ao *ser* da pessoa, à sua bondade, generosidade, humildade, paciência? Quanto menos nos respeitarmos como pessoas feitas à imagem de Deus, mais seremos levados a nos identificar com nossa função social, nosso emprego, nossas realizações, sejam reais ou imaginárias. Somos levados a crer que o sucesso depende primariamente da nossa capacidade de produzir *credenciais*; e, no entanto, quem sonharia em dizer a outra pessoa: «Amo-te porque és a secretária mais eficiente que já conheci na vida», ou porque "És o professor que melhor organiza seu material»? O amor não está ligado às realizações do outro. Trata-se, antes, de uma resposta ao *ser* de alguém; eis por que uma expressão característica do amor está em dizer: «Amo-te porque és do que jeito que és». Deus nos amou antes que fizéssemos qualquer coisa, e é esse amor que torna o homem amável. Essa amabilidade, que nos pertence sem que dela sejamos dignos, é algo que devemos aceitar com humildade e que, de fato, forma a base indispensável para as realizações futuras.

Agora chegamos à parte mais importante de nosso tema: a antítese fundamental de todos os tormentos criados pela solidão é o abrigar-se no amor de Deus, na comunhão com Cristo. Além disso, nossa confiança no amor de Deus é também o fundamento de qualquer comunhão verdadeira com outros seres humanos. Voltaremos ainda ao papel fundamental do abrigar-se no amor de Deus para a comunhão verdadeira com os seres humanos. Aqui precisamos apenas enfatizar sua influência sobre o medo do homem de correr riscos.

São poucos aqueles cujas vidas se baseiam neste abrigar-se no amor de Deus. Consequentemente, as pessoas temem encontrar-se com o outro que as poderá rejeitar. Isso me leva a outra ideia cujo papel na nossa sociedade não pode ser jamais superestimado: a ideia de que, no nosso relacionamento com os outros, o mais importante é ser socialmente *aceito*. Embora estar em comunhão com os outros seja de grande valia e importante em nossas vidas, temos de tomar cuidado para não confundir essa experiência humana profunda com a convivialidade, com uma união inofensiva e superficial que, na melhor das hipóteses, cria a ilusão de comunhão quando na verdade está separada dela por um abismo. A ênfase que nossa sociedade dá a este «estar junto» é tal que uma criança que não tenha TV em casa se sente envergonhada e excluída por aquelas que têm; com estas, não poderá compartilhar das modas televisivas. Com que frequência podemos dizer que o preço a ser pago para «ser aceito» é o de fazer sérias concessões, como rebaixar os próprios padrões morais ou abandonar aquelas ideias de importância central que são oficialmente rotuladas como «desatualizadas» ou covardes? Para além das concessões que se tem de fazer para ser aceito, a pessoa cujo único ideal consiste em ser aceita reveste-se de «trajes» que não são seus e que provavelmente a levarão à traição total de si mesma, de sua verdadeira personalidade e vocação interior. O lado ridículo dessa lamentável tendência reside em que, na verdade, é uma pequena e dinâmica minoria que impõe suas opiniões a uma maioria crédula e fraca, a qual se crê «convencida» quando, de fato, apenas cedeu.

Deveria ser fácil perceber que um conformismo raso assim na verdade destrói as bases de qualquer comunicação real entre seres humanos e nutre uma vida tão artificial, tão alheia às raízes profundas do ser, que as sementes de uma possível comunhão secarão e morrerão antes que florescer lhes seja possível.

Já dissemos o bastante sobre as dificuldades em atingir a comunhão com outro ser humano. Examinemos agora os obstáculos que se encontram pelo caminho daqueles que obtiveram real comunhão com outrem. Em particular, acreditamos que não se deve limitar aos fenômenos físicos o poder exercido pela lei da gravidade; ele também se aplica à nossa vida espiritual. Quantos não criam asas (para citar Platão) quando se apaixonam e obtêm a possibilidade de um contato profundo com outra pessoa! É como se víssemos o mundo com outros olhos, como se houvéssemos despertado para uma consciência plena. E, mesmo assim, depois de algum tempo, parecemos acostumar-nos com o dom incrível que nos fora concedido, o dom de começar a *viver* de verdade – para citar Gabriel Marcel – em vez de apenas vegetar. Após certo tempo, começamos a prestar mais atenção àquilo que tão erroneamente se chama «vida real»; as preocupações cotidianas envolvem-nos cada vez mais e, pouco a pouco, recaímos no nosso velho «eu», no nosso *moi*. Quer pensemos na parábola do semeador, quer recordemos os versos de Shakespeare – «Os homens são abril quando cortejam; dezembro, quando se casam» –, tudo aponta para o mesmo perigo: aquele de recair no sono, de deixar de valorizar as coisas, de esquecer que receber um dom traz consigo a responsabilidade de cuidar dele, de protegê-lo, de guardar seu crescimento e desenvolvimento. Esse perigo é particularmente sério porque as pessoas não percebem o quão sério é. Afinal, raciocinam, o tempo do «romance» deve chegar ao seu fim; a lua de mel não pode durar para sempre. Agora é hora de voltar à vida séria.

Este pode ser o maior sinal de mau agouro de nossa época – isto é, a tendência de ver o amor, o casamento, a amizade como distrações de uma parte mais séria da vida, que é o trabalho. Pobres de nós, tão longe de lembrar-nos de que o suor do trabalho deveria ser visto como punição, infligida a Adão após o Pecado Original! Dietrich von Hildebrand, num livro intitulado *The New Tower of Babel*, deixa claro que, depois do nosso relacionamento com Deus, o casamento e a amizade deveriam estar no centro de nossas vidas; o trabalho é uma necessidade, um dever, mas a sua importância não pode ser comparada ao valor da vida em família. Constitui séria perversão ver o trabalho profissional como a parte séria da vida e a vida familiar como uma distração. Não: o tempo que passamos com os nossos entes queridos não é a hora de relaxar e descansar, mas o momento de vestirmos nossos trajes de festa, o momento de realizar um verdadeiro «*sursum corda*». Trata-se do momento de perceber que meu amor por outra pessoa é, falando em termos humanos, a pérola preciosa da minha vida e que preciso preparar-me para encontrar o amado com a mesma recordação agradecida que experimentei no momento em que me apaixonei. Para citar Keats novamente: «O amor não é brincadeira», e sim um resquício do paraíso terreno – e deve ser tratado dessa forma.

Devemos rechaçar a tendência, tão prevalente no mundo moderno, que faz com que a vida familiar recue cada vez mais para os bastidores, até o ponto em que poderemos dizer que já não há família nem vida.

A mesma indolência espiritual pode-se manifestar noutra direção. O casamento cria uma união entre os dois parceiros que é uma união de almas, mas também uma união de vidas. Todavia, já vimos que o tipo de unidade própria da comunhão pressupõe que ambos os parceiros continuem sendo pessoas independentes. Ora, a vida em comum, quando embrutecida pelo hábito, pode levar a uma *falsa identificação* das duas pessoas. Gabriel Marcel trouxe à tona a natureza deste sutil perigo numa de suas peças, cujo título é *O coração dos outros*. Trata ela de um casamento certamente fundamentado no amor, mas no qual o marido cada vez mais vê sua esposa como «parte de si». Ele já não acha necessário discutir seus planos com ela ou inquirir sobre os desejos da mulher, pois está certo de que serão idênticos aos seus. Por outro lado, ela sente que está sendo tratada como uma coisa, e não como uma pessoa, sofrendo profundamente com essa falta de reverência da parte do marido.

Esse perigo é tão sutil que, em vez de ser visto como ameaça à comunhão, é interpretado como expressão da inabalável união que existe entre marido e esposa.

Para usar a terminologia de Marcel, em vez de possuírem uma real «comunhão do "nós"» (a qual implica um Eu e um Tu), tudo o que resta é um ego inflado – neste caso, o do marido, que trata sua esposa como propriedade, coisa; já não a trata como pessoa.

A maior ameaça à comunhão pode ser encontrada nos erros cometidos pelo amado. Apaixonar-se é essencialmente vislumbrar a beleza da individualidade alheia. Esta visão enche-nos de reverência e, ao mesmo tempo, de uma atração poderosa pelo objeto cuja beleza é percebida. Amar o outro significa enxergar a sua beleza, descobrir o segredo de sua personalidade. Tão convincente é essa visão que prometemos jamais esquecê-la.

Mas eis que o dia a dia cobre tudo com sua poeira; os defeitos, erros, imperfeições do amado vêm à tona; muitas vezes, borram a percepção de sua beleza. A grande tentação consiste em dizer, então: «O amor cegou-me; agora que penso melhor, vejo claramente que muito do que lhe atribuía era mera ilusão».

A ideia de que o amor é cego é quase tão antiga quanto a filosofia. Já a vemos proposta no *Banquete* de Platão por um dos convidados. Embora seja bem possível que alguém seja totalmente cego às falhas de seu amado, a questão é se seria mesmo o amor o que cega.

Dizemos de uma mãe que se recusa obstinadamente a ver os defeitos de seu filho: «Está cega de amor». Que a mãe esteja cega é claro, mas é coisa bem diferente dizer que o amor seja responsável por sua cegueira. Não seria mais correto dizer que é o orgulho o que a cega para os erros do filho? É como se dissesse a si mesma: «Meu filho não pode ter esses defeitos porque é *meu* filho; como o *meu* filho poderia fazer uma coisa dessas?». Percebe-se claramente que essa mãe vê o filho com um ego inflado, e por *essa* razão lhe é insuportável ver e admitir tais faltas. Longe de ser o amor a cegá-la, é, antes, a própria imperfeição de seu amor que permite que o orgulho predomine. «Se meu filho realmente possuir essas faltas e defeitos, eu não o amarei mais», parece dizer.

O amor verdadeiro, pelo contrário, vê com clareza luminosa a imagem do amado, daquilo que é chamado a ser, daquilo que é aos olhos de Deus; ao mesmo tempo, diante do pano de fundo desta visão de beleza, verá que o amado ainda está longe de realizá-la; encontra-se o outro *in statu viae*, a caminho de se tornar aquilo. Ainda não se realizou.

Deve estar claro, agora, que o amor verdadeiro enxerga sem dó as faltas e defeitos do amado, mas os interpreta diferentemente. A esta altura, pois, devo remeter a certa característica do amor elaborada por Dietrich von Hildebrand[1].

---

(1) *Der Mensch und Seine Liebe*, Salzburgo, 1962.

Uma característica fundamental do amor está em que todas as boas qualidades do amado são consideradas expressão válida do seu «eu» verdadeiro, enquanto os defeitos vêm interpretados como uma infidelidade a esse «eu». Dizer: «Este não é "você"» quando o amado comete um erro é expressão típica do amor.

Se geralmente cremos que os valores e não valores de outra pessoa pertencem igualmente a seu «eu», é característico do amor, que exige uma resposta à beleza de uma pessoa em particular, tratar os não valores como elementos que não a caracterizam, como uma infidelidade dela contra si mesma, como um não conseguir ser quem ela realmente é.

Eis o que distingue todos os tipos de amor de uma atitude neutra, dita «objetiva», em relação aos outros. O psicólogo convocado como perito à corte ponderará as qualidades positivas e negativas do réu. O amante, por sua vez, verá as positivas como expressão de seu «eu» real e autêntico e as negativas, como traição deste «eu», uma negação, uma queda. É esse o inaudito crédito que o amor, e somente o amor, confere ao amado. Esse crédito é também marca específica do amor ao próximo. Aqui o amor responde ao valor ontológico da pessoa, à sua condição de imagem de Deus, enxergando-a à luz da *similitudo Dei*, da santificação a que é chamada. Todo defeito é, em suma, tratado como traição de seu caráter enquanto imagem divina, uma infidelidade, uma apostasia de seu «eu» verdadeiro.

Desse modo, o amor não ignora os defeitos do amado; não é cego em relação a eles. Contudo, quem ama se aproxima deles de modo completamente diferente. Deve-se enfatizar que a abordagem do amor é, na realidade, muito mais objetiva, muito mais verdadeira, que a do observador neutro. E não é só: trata-se da única abordagem objetiva e adequada porque somente ela faz jus à natureza da pessoa. Esse crédito é um grande dom que o amante concede ao amado. Confere ao amado um elemento de esperança que traz incríveis conforto e auxílio.

Todavia, não é esse o único crédito concedido pelo amor. O amor também interpreta tudo da melhor maneira, contanto que não se revele como algo definitivamente negativo. Há muitas coisas no homem que podem ser interpretadas de formas distintas, tantos atos, atitudes, dizeres que não são, em si, nem moralmente bons nem maus, nem belos nem feios, mas ganham seu significado e caráter quando contrastados com o pano de fundo desta pessoa em particular. Se é sinal típico de malevolência e ódio o estar sempre à procura dos erros alheios e, consequentemente, interpretar tudo no outro sob a pior luz possível, é fundamental no amor o ter a disposição para interpretar tudo à melhor luz possível, contanto que não se trate de algo inequivocamente negativo. Esse crédito implica um elemento de fé na outra pessoa.

Talvez seja precisamente essa *fé* que dará ao amado a coragem de lutar contra as próprias fraquezas. Com efeito, cremos que certas pessoas jamais reúnem forças para lutar contra os próprios erros porque nunca encontraram alguém disposto a acreditar nelas.

A fé é um elemento essencial do amor, e quem para

de amar porque a imagem verdadeira do amado se encontra temporariamente encoberta nunca o amou de verdade.

Uma vez que o amor está essencialmente ligado à fé, também está intimamente vinculado à *esperança* – à esperança de que aquele que amo um dia se tornará o que sei que ele é chamado a ser. A esperança é paciente. Se o homem impaciente estabelece prazos e, quando estes não se cumprem, cai na revolta e no desespero, quem ama de verdade fica impaciente precisamente porque sua esperança é tão viva que lhe dá a certeza de que aquilo que não for cumprido hoje pode ser, e será, cumprido amanhã.

O amor está de tal modo ligado à esperança que jamais forçará o outro a se tornar o que sei que deveria tornar-se. Antes, aceitará paciente e reverentemente o ritmo de desenvolvimento próprio da outra pessoa, confiando em que se tornará o que sei que deve ser.

Agora vemos que as três virtudes sobrenaturais – a fé, a esperança e o amor – dão-nos a chave para a compreensão do amor humano natural. Isso vem confirmar um princípio platônico basilar: o de que só podemos descobrir o verdadeiro sentido do mundo em que vivemos se mantivermos nossos olhos fixos acima deste mundo. Todavia, devemos ir ainda além. Todas as categorias naturais do amor, como o amor paterno ou filial, a amizade ou o amor conjugal, só podem alcançar em plenitude aquilo a que o seu amor aspira quando forem transformadas por Cristo. Somente quando o espírito da caridade permeia a categoria amorosa em questão com seu glorioso hálito de bondade, com sua autodoação heroica, é que o amor pode fazer jus à sua própria essência.

Essa transformação não apaga de forma alguma o caráter específico de cada tipo de amor. Pelo contrário: todas as características típicas das categorias amorosas serão mais perfeitamente desveladas quando essa transformação houver acontecido. O Papa Pio XII declarou-o belamente quando disse: «Deus, com Seu amor, não destrói nem muda a natureza, mas a aperfeiçoa».

Gostaria de concluir frisando que há apenas uma solução para o flagelo de nossos tempos – a solidão –, e essa solução é Cristo.

Esperança

por Alice von Hildebrand

Uma das críticas que Gabriel Marcel tece à filosofia tradicional diz que ela deixou de incluir, em sua definição do homem, a capacidade de desesperar-se. O homem, diz ele, é um ser capaz de romper sua ligação metafísica com a existência, seu cordão umbilical com o ser. Obviamente, um ser sem inteligência não poderia desesperar-se de nada; Gabriel Marcel, portanto, parte da consideração de que o homem é um animal racional, mas desafia a filosofia aristotélica em razão da falsa segurança metafísica que confere ao homem ao chamar-lhe animal racional. Essa definição pode levar o homem a sentir-se abrigado pela consciência de sua própria racionalidade.

O desespero está relacionado à consciência de uma vocação metafísica, um destino metafísico que não se cumpriu. O homem desesperado diz: «É tarde demais», e este «tarde demais» traz consigo uma negação implícita do poder criativo de Deus, um esquecimento de que Aquele que nos criou do nada não nos abandonou e permanece Criador. O «tarde demais» ignora a eterna renovação da generosidade criativa de Deus.

Sem a imortalidade, toda a existência humana assim contemplada necessariamente termina em desespero. pois a morte é, em termos visíveis, a última palavra.

Esse caráter terminal e inclemente da morte como suposta palavra derradeira da existência humana é particularmente impactante se pensarmos na morte de uma pessoa amada como possível fonte de desespero.

Um dos méritos de Kierkegaard está em ter colocado o dedo no potencial do homem para o desespero. Antecipando a ênfase psicanalítica no inconsciente, ele diz em *O desespero humano* que um dos tipos mais disseminados de desespero, e também um dos mais intensos, é o desespero inconsciente de si. Muitos são os homens que passam suas vidas sem saber donde vieram, sem saber para onde vão; parecem flutuar pela vida, aparentemente despreocupados quanto à sua origem ou destino. É claro que sabem que um dia haverão de morrer; é claro que sabem que a vida é insegura e incerta. No entanto, movem-se num nível de consciência em que essas ameaças metafísicas permanecem cuidadosamente veladas numa abstração e numa insubstancialidade que as fazem parecer inofensivas e irreais. Para citar Martin Heidegger, essas pessoas falam da morte com a mesma frieza com que mencionam a lei da gravidade. É óbvio que «todos» devemos morrer, mas nunca se inclui o «eu» nesse «todos». Têm tanto medo de uma confrontação física com a morte que, se precisassem confrontá--la, provavelmente cometeriam suicídio em vez de ter de conviver com uma perspectiva tão pavorosa.

Essas pessoas navegam pela vida aparentemente satisfeitas, gabando-se de cada diversãozinha que se lhes é concedida; anseiam pelo que o amanhã trará; e, no entanto, no que depende dele, poderia muito bem não haver amanhã algum.

Kierkegaard definiu isso como a tragédia do viver pelo prazer. O prazer, diz, é limitado pelo tempo. Começa no tempo, alcança o seu clímax e decresce. Em princípio, é possível imaginar uma sucessão eterna de prazeres, na qual rapidamente um sucederia ao outro; é inconcebível, porém, que um só prazer seja eterno. Todavia, é da essência do prazer o estar no tempo, e o tempo flui continuamente para a frente. Uma vida centrada apenas nos prazeres há, pois, de ser uma vida ameaçada pelo desespero. Para citar Kierkegaard mais uma vez: «Se o momento é tudo, o momento não é nada».

Ao mesmo tempo – e isto é importante –, todo prazer, por mais curta que seja a sua duração, fornece ao homem «combustível» suficiente para esperar pelo próximo e continua a impeli-lo adiante num estado de inquietude e tensão que torna difícil a meditação sobre o desespero desse estado mesmo.

Santo Agostinho, cujo gênio antecipou tantas filosofias existencialistas, observa acuradamente que, se uma das características dos prazeres terrenos é o darem menos do que prometem, seu contrário é a bem-aventurança verdadeira e eterna: nossos desejos mais intensos jamais podem oferecer-nos uma prévia adequada do gozo que nos será concedido.

Esse «combustível» que toda experiência prazerosa nos fornece deve ser analisado com maior precisão. Ansiamos por um prazer específico; ele arrebata nossa atenção de tal forma que parecemos não nos importar com nada mais. Antecipamos avidamente a sua fruição, que, neste momento, parece apresentar-se como um «todo». Mas raros são os casos em que a fruição de fato corresponde à promessa feita. Com frequência, a percepção deste prazer vem acompanhada de uma nota de desilusão, por menor que seja. Para ilustrar o raciocínio, basta observar crianças que desejem desesperadamente um brinquedo. Não conseguem falar de nada mais; estão dispostas a empreender esforços exaustivos ou sacrifícios extraordinários para realizar o seu desejo. Ao realizá-lo, obtêm uma amostra do céu: esperam uma mudança completa e duradoura em suas vidas. Todavia, após dias de posse febril, seu interesse parece diminuir; o brilho que pusera aquele objeto em relevo parece desaparecer; pouco tempo depois, o objeto antes tão apaixonadamente cobiçado mostra-se incapaz de conferir ao seu proprietário qualquer satisfação específica ou marcante.

O interessante, porém, é que essa experiência, ainda que conscientemente registrada, não mudará ou alterará de modo algum a antecipação apaixonada do próximo objeto de prazer. Se a alguém fossem listadas as desilusões do passado, uma tal observação se perderia imediatamente num poderoso turbilhão de racionalizações que dissipariam a força da objeção.

Há no homem um desejo profundamente arraigado de *confiar* no poder dos prazeres, de acreditar que, a longo prazo, serão capazes de nos proporcionar um estado de deleite que se pode acessar com um pedido e reter à vontade.

Desse modo, a própria desesperança de encontrar nos prazeres a chave da felicidade anda de mãos dadas com outra: a desesperança de libertar-se das cadeias desta escravidão, uma vez que a fruição de cada prazer está psicologicamente atrelada à promessa de outro prazer.

É importante observar que a imanência mesma da sequência de prazeres leva os homens a acreditar que não há esperança de transcendência, o que faz com que os homens se lancem ainda mais brutalmente sobre as migalhas de satisfação que o prazer pode prover.

Foi a lei imanente do prazeroso, creio eu, o que levou Kierkegaard a dizer que o homem só pode recobrar sua liberdade por meio de um salto – isto é, uma ruptura com a prisão do prazer que nos rodeia e a passagem para outra esfera da existência humana, num mergulho mais profundo em suas possibilidades.

Muitos encontram-se nesse cativeiro, um cativeiro cuja desesperança é *desespero*. E, no entanto, a maioria das pessoas, embora se veja num tal estado desesperado, não tem consciência do próprio desespero – e pelas mesmas razões que já mencionamos: pela política do avestruz de não encará-lo, de não chamá-lo pelo nome, bem como pela sutil promessa, contida em cada prazer, de que outro proporcionará uma autorrealização.

Esses homens que reprimem o próprio desespero (para recorrermos a uma expressão psicanalítica) imergindo-se no turbilhão dos prazeres comportam-se como pessoas cujo casamento é profundamente infeliz. Na superfície, parecem indivíduos satisfeitos e de sucesso; com efeito, podem trilhar as sendas da vida com bastante alacridade, contanto que não se deparem com a tragicidade de sua situação, contanto que não se apercebam do abismo que há entre um casamento verdadeiramente feliz e sua situação atual. Esse escapismo é um dos mecanismos de defesa mais sutis que a natureza produziu. Ao mesmo tempo, trata-se de uma faca de dois gumes, pois a proteção que fornece faz com que seja quase impossível que o indivíduo se liberte e «dê o grande salto» rumo a uma esfera de existência mais elevada.

Há uma forma de caridade que consiste em ajudar outra pessoa a não descobrir a própria miséria enquanto essa descoberta não vier acompanhada do seu remédio. Descartes observou no *Discurso* que o homem insatisfeito com sua casa, antes de demoli-la, espera pacientemente até que outra casa mais hospitaleira esteja pronta para recebê-lo.

Do mesmo modo, é arriscado conscientizar alguém de seu desespero se não lhe podemos prover, ao mesmo tempo, um raio de esperança.

Deve, porém, restar claro que esse tipo de «esconde-esconde» metafísico perfaz um estado lamentabilíssimo, cuja tragicidade está precisamente na traição da potencialidade mais íntima do homem, isto é, do fato de ser feito para Deus. Citemos as palavras de Santo Agostinho: «Pois fizeste-nos para Ti, e nosso coração está inquieto até que descanse em Ti».

Kierkegaard informa-nos que há outro tipo de homem que se fez consciente da desesperança dos prazeres e do egotismo; trata-se de um homem que chegou ao estado de desespero consciente, mas essa mesma consciência fá-lo mergulhar num desespero ainda mais profundo, que o pode levar à inveja do homem que não sabe o quanto é infeliz. A tomada de consciência do próprio desespero constitui uma vantagem real sobre aquilo a que Kierkegaard chamou «desespero inconsciente», pois essa consciência é necessária para darmos o salto para além das mandíbulas do desespero. Contudo, desde outro ponto de vista, a consciência do desespero, associada a uma nova forma de desespero motivada pelo desespero que se tem, constitui situação particularmente cruel. A peculiaridade desta forma pode ser encontrada numa extrema lucidez em relação ao próprio passado. O indivíduo em questão vê com clareza inclemente a desesperança de sua situação, o beco sem saída a que nos leva uma vida centrada exclusivamente na mera satisfação subjetiva. Vê, ademais, com claridade invejável, que o homem não precisa desesperar-se, que o caminho da transcendência se lhe apresenta aberto. Mas, simultaneamente, por algum tipo de perversão, afirma que esse caminho, conquanto aberto a todos os homens, está fechado para *ele*. Dirá que, se fosse um pouco mais jovem, se as circunstâncias tivessem sido diferentes, poderia ter encontrado o caminho em direção à esperança. Contudo, dada sua situação concreta, o sentido da palavra *esperança* continua a escapar-lhe.

O lamento desse homem é o: «Para *mim* é tarde demais». Embora perceba os limites inclementes do tempo, ao mesmo tempo declara que o Criador do tempo não consegue de modo algum «redimir o tempo» neste caso. Sua atitude, ainda que preserve certo semblante de humildade, inverte os papéis entre Criador e criaturas; e, em vez de rezar com o salmista: «*In manibus tuis, tempora mea*» («Em tuas mãos, minhas preocupações»), parece dizer: «*In manibus meis, tempora tua*» («Em minhas mãos, tuas preocupações»). Se reconhece seus limites enquanto criatura, também se recusa a tê-los removidos; permanece no nível da imanência e, neste caso, no isolamento que lhe é típico. Em vez de confiar seu destino às mãos do Outro (e veremos que isto constitui a essência da esperança), toma-o nas próprias mãos, conquanto se declare incapaz de preservá-lo.

Há ainda outra forma de desespero segundo Kierkegaard, a qual constitui, de certa forma, seu verdadeiro clímax. Este tipo é plenamente consciente em sentido duplo: o homem tem ciência de seu desespero e, ainda, de que existe cura para *ele*, de que poderia ser retirado desse desespero. Não obstante, acomoda-se onde está, preferindo, por assim dizer, desesperar-se a ser ajudado por outrem. (Agostinho diz que é infeliz o homem muito orgulhoso, orgulhoso demais para aceitar a misericórdia.)

Esse último caso desafia completamente a razão. Poder-se-á imaginar algo mais irracional do que o caso do homem que suporta os tormentos mais amargos do desespero e, ainda assim, prefere esse estado digno de pena a estender a mão para outro e implorar-lhe ajuda? Aqui tocamos numa das profundezas mais misteriosas da pessoa humana, que, conquanto se lhe ofereça o dom da razão, pode ser levada a odiar a razão. Isso é, segundo Platão, o maior mal que pode recair sobre o homem. Esse fator humano misteriosíssimo é o de sua liberdade, uma liberdade tão profunda que *somente* ela pode escolher sua própria sina.

Pode ser interessante, neste momento, investigar a gênese da liberdade humana. Uma criança no ventre perfaz um todo harmonioso com sua mãe; mas, ao mesmo tempo, essa harmonia preestabelecida, por ser imposta, não pode reclamar os méritos de uma *união*; trata-se de uma promessa simbólica. A esse estágio segue-se o nascimento, em que a criança, por assim dizer, conquista seu caráter de individualidade plena, isto é, atinge um novo estágio decisivo em seu caráter de pessoa individual, capaz de existir por si só. Entretanto, o seu desenvolvimento enquanto pessoa ainda é tão inadequado que a criança se deixa manipular por sua mãe como se fosse mera coisa: a mãe embala-a, cuida dela, mima-a à vontade. Uma tal passividade faz com que a criança se assemelhe a um brinquedo, uma boneca com que se pode brincar.

Todavia, à medida que a criança cresce e avança em seu desenvolvimento, pouco a pouco é levada a uma descoberta incrível: pode dizer «não» aos desejos de sua mãe; pode decidir as coisas por si só. Faz-se consciente do poder incrível e insuperável da liberdade humana. Essa descoberta é simbolizada por uma atitude que todos já tivemos a oportunidade de observar muitas vezes: a criança, ao ser chamada por sua mãe, olha para ela, parece hesitar por um momento, e então corre o mais rápido possível... na outra direção. Agora ela desfruta do poder da independência, e o faz tão completamente que sua satisfação logo se altera em raiva efusiva no exato momento em que, pega pela mãe, é forçada a abandonar os próprios planos de movimento independente.

Esse desejo de independência, por uma distinção sempre mais clara entre os «seus» desejos e os desejos «dos outros», continuará a crescer na criança durante todo o seu desenvolvimento. Alcançará o clímax na época da puberdade, idade que se caracteriza por uma ênfase ferrenha na própria independência, por uma revolta geral contra todas as leis e obrigações, por uma constante suspeita de que a própria soberania poderá ser infringida. Essa atitude *defensiva* mostra-se tão fortemente delineada que o «não» se torna símbolo de uma liberdade autêntica. A liberdade é vista primariamente como rejeição poderosa de pressões e influências externas, como uma afirmação do «eu» contra todos os outros «eus» e contra o mundo mesmo.

A fraqueza e impotência desse estágio de desenvolvimento fica clara ante o fato de que, ao perceber uma tal atitude em seu pupilo, um educador pode facilmente levá-lo a fazer o que bem entender simplesmente pela ocultação cuidadosa do seu desejo de ver algo feito.

Falando em termos subjetivos, o adolescente está inebriado da própria independência e ignora por completo que continua sendo escravo; com efeito, suas atitudes são ditadas por reações, por rejeições que possuem poder determinante sobre ele. Lembro-me de quando meu irmão, com cerca de quatorze anos, tinha como maior preocupação convencer-me a *mim* de sua completa e total independência (é já um fato interessante que alguém tente persuadir outras pessoas disso), ao passo que continuava submetendo-se ao juízo alheio. Bastava dizer-lhe: «Tenho certeza de que você não ousaria fazer isto ou aquilo» para convencê-lo a fazer ou tentar fazer o que se queria, no mesmo instante.

Não há dúvida de que os homens permanecem para sempre nesse estado imperfeito de desenvolvimento. Cometem o grave erro de identificar a verdadeira liberdade com uma independência entendida como negação e rejeição. Isso confere à gloriosa possibilidade humana da livre escolha um caráter trágico de arbitrariedade, cuja natureza encontra sua expressão mais perfeita e patética na filosofia de Jean-Paul Sartre.

O fenômeno que acabamos de descrever parece opor duas faculdades humanas centrais: a racionalidade e a liberdade. Muito da filosofia contemporânea contentou-se com essa polaridade antagônica, que é vista como dilema insolúvel; e, como resultado filosófico, deparou-se com o que foi aptamente definido em termos contemporâneos como *o homem irracional*, o homem levado por impulsos e necessidades inconscientes, o homem que vê a razão como maldição e gloria-se de haver-se «libertado» de suas exigências. Essa tendência enraizou-se tão poderosamente no século XX que conquistou o domínio da arte. A ela já não parece desejável seguir um *logos* objetivo, colaborar com formas oferecidas de antemão pela natureza, mas antes vê tais formas como exigências ilegítimas impostas à arbitrariedade independente de sua criatividade. Uma análise mais detida levar-nos-ia para muito além de nosso tema, mas é importante relembrar que a verdadeira liberdade e a arbitrariedade plena andaram unidas na mente de muitos pensadores contemporâneos.

Como é luminoso e revigorante o pensamento de Santo Agostinho sobre o mesmo assunto! Apesar de reconhecer plenamente o poder de escolha do homem e de reconhecer que a liberdade é a marca da nobre independência do indivíduo, um sinal de sua dignidade incomparável, ele ainda assim se recusa a ver nela a rejeição arbitrária de qualquer lei. No *De libero arbitrio*, sua obra sobre a liberdade, Santo Agostinho demonstra de maneira clara que devemos distinguir entre o poder de tomar uma decisão livre (um poder, diz ele, concedido a todos os homens) e o exercício próprio dessa capacidade. Em vez de encarar a liberdade como meio egotista de defesa contra o mundo e suas exigências, ele a vê como meio eficiente de libertação das exigências ilegítimas do próprio egoísmo. Ser livre, para Santo Agostinho, significa infinitamente mais do que possuir independência para fazer o que se quer; significa, acima de tudo, uma libertação das cadeias do orgulho e da concupiscência que me escravizam, a fim de que eu possa fazer o que sei ser bom e correto. Para resumir: «Devo libertar-me *dos* meus laços a fim de ser livre» *para* as exigências do mundo dos valores e, em última análise, de Deus mesmo.

Esse desvio do tema da liberdade humana traz-nos de volta ao tema central: se o homem deve viver como pessoa no sentido mais profundo e verdadeiro do termo, precisará transcender o estágio de desenvolvimento em que se vê como uma mônada fechada, cuja tarefa central consiste em viver em estado de alerta por medo de que outras mônadas infrinjam sua soberania autocrática. Ele deverá entender – para citar Gabriel Marcel – que «ser uma pessoa é estar com».

O homem não é uma mônada isolada, mas nasce num universo estruturado segundo leis morais preestabelecidas e que derramam um significado luminoso sobre um mundo que não faria sentido sem elas. Essas leis não são inventadas pelo homem, não são e não podem ser feitas por ele. Antes, elas o convidam a consentir não num estado de passividade preguiçosa, mas com o fervor de uma colaboração fervorosa que, longe de ser escravidão, é de fato o próprio ápice da liberdade; ela inclui tanto a liberdade sobre si mesmo como uma resposta livre a algo acima de si, que testemunha a transcendência do homem. Nossos relacionamentos mais profundos com criaturas humanas confirmam admiravelmente a natureza da liberdade verdadeira. No amor e no casamento, vemos tanto a vitória sobre o próprio egoísmo quanto um simultâneo «encontro de duas liberdades unidas em um amor». É muito significativo que, ao longo de toda a história da Igreja, o casamento tenha sido usado como fonte de analogias; se Sartre vê a união sexual como a conquista brutal do corpo do outro, como um esforço impotente de conquistar sua liberdade, o amor é na verdade uma doação gloriosamente livre de si próprio ao outro e uma aceitação agradecida de seu dom para mim.

Agora vemos que, ao contrário do que o adolescente tende a acreditar, a dimensão mais profunda da liberdade humana não se encontra em decisões autocráticas e independentes, mas sobretudo numa harmonização com a sinfonia de valores que preenche o universo. Entrar em diálogo com o outro, compreender sua estrutura mais íntima, responder às exigências do mundo dos valores – longe de ser uma limitação da liberdade do homem – só é possível por meio de um ato transcendentemente livre, que só é capaz de surgir da parte mais profunda da alma.

Após esse desvio assaz longo, podemos entender por que o homem que prefere continuar em seu próprio desespero a ser dele resgatado, longe de ser livre no sentido mais profundo do termo, encontra-se, na verdade, aprisionado na câimbra de um ego que se tornou caricatura da *imago Dei*; encolhido em si mesmo, voltando-se sem cessar para si próprio, ele é como um homem numa prisão que, em lugar de tentar libertar-se, acorrenta-se e amordaça-se voluntariamente.

Para entender que a esperança está necessariamente ligada à transcendência do homem, e para entender que a esperança só é possível se o homem ultrapassa o círculo dos seus limites, devemos primeiro separar com clareza a esperança de fenômenos superficialmente semelhantes. Destes, o mais óbvio é o *otimismo*. Por causa da lassidão enganosa de nosso uso das palavras, sentimo-nos tentados, com frequência, a dizer que uma pessoa otimista é cheia de esperança, que nunca se deixa abater, que insiste em ansiar por um futuro agradável e sem preocupações.

Todavia, essa atitude nada tem que ver com a esperança; pois no otimismo deparamo-nos com uma característica puramente dispositiva, com uma tendência de todo imanente e de todo desprovida do caráter de resposta. A pessoa otimista é assim sem qualquer motivação objetiva; não responde a circunstâncias favoráveis nem a um fator extramundano que possa dispensar fatos ameaçadores. O otimismo é essencialmente um tipo de dinamismo interno, uma força propulsora que impulsiona o indivíduo; no entanto, está simultaneamente ligado a um tipo de cegueira, pois o otimista não enxerga o caráter objetivo da situação para responder-lhe com otimismo, mas é otimista por princípio, e esta mesma disposição é precisamente o que o cega para o caráter objetivo da situação em voga.

Encontra-se o otimismo tão arraigado na imanência que é plenamente possível imaginar alguém dotado de um otimismo inato caindo subitamente no poço escuro do desespero assim que seu estoque de otimismo se exaure. O otimismo pode ser comparado a um combustível; e, no momento em que acaba, uma parada brusca e imprevista se dá.

Tampouco devemos confundir esperança com o pensamento positivo – uma confusão muito comum, dado que ambas as experiências parecem iguais. Obviamente, dirão que ter a esperança de que um amigo se recupere de uma doença é o mesmo que acreditar que ele se recuperará, uma vez que é o que se deseja e que esse desejo ganha tanto ímpeto que você é levado a convencer-se de que será assim.

Ainda que todo ato de esperança compartilhe, com o pensamento positivo, da característica de trazer consigo um desejo (se espero algo, devo necessariamente desejar sua realização); ainda que tanto o pensamento positivo quanto a esperança sejam caracterizados pela convicção interna de que algo acontecerá ou de que alguma ameaça será evitada, essas semelhanças não deveriam cegar-nos para as diferenças essenciais que se podem encontrar entre esses dois tipos de experiência.

Com efeito, no pensamento positivo, o próprio dinamismo do meu desejo cega-me para a realidade de certos fatos; em verdade, deixo de percebê-los *porque* me recuso, ou então imagino que algo exista *porque* quero que assim seja. Na esperança, pelo contrário, pareço adquirir uma visão especialmente clara do drama da situação. Não tenho ilusões. Enxergo com clareza inclemente que, em termos humanos, a situação é desesperadora; experimento toda a angústia inerente a esse desespero, mas me fio de um fator extramundano, e por isso *recuso-me a aceitar a tragédia como palavra final*. Irrompo através do ciclo de causalidades imanentes e transcendo a uma esfera em que o desenrolar inclemente das leis imanentes cessa de valer.

Chegamos agora ao fator decisivo: metafisicamente falando, todo ato de esperança está baseado em Deus. Gabriel Marcel demonstrou com notável clareza que a própria essência da esperança reside num *esperar em*. Quando temo pela vida de um ente querido, transcendo não apenas a mim mesma, mas a toda a realidade terrena; volto-me assim para Deus, o infinitamente misericordioso e poderoso. Confio em que o bem-estar deste ente querido não é preocupação só minha, mas que o próprio Deus zela por ele, ama-o ainda mais do que eu. Na verdade, em momentos assim eu experimento meu amor como participação no amor infinito de Deus. Apesar das trevas desesperadoras que me cercam, recuso-me a deixar-me tomar por elas; recuso-me a interpretá-la como realidade última e definitiva. O próprio fato de ser verdadeiramente desesperadora a situação em que me encontro, o fato de que devo *esperar contra toda a esperança*, longe de tornar meu ato irracional, força-me a transcender a esfera racional e confiar na luz ofuscante da realidade suprarracional em que a minha esperança se baseia.

Isso deveria tornar claro que o próprio ato de esperança é primariamente uma resposta a Deus, à sua infinita bondade, à sua onipotência e ao fato de que Ele nos ama infinitamente. Toda «esperança de que» algo venha a acontecer pressupõe uma «esperança em», quer o sujeito da esperança o perceba, quer não. Um ateu que, desesperado pela doença de sua amada esposa, se recusa a deixar-se engolfar por essas trevas e proclama que ainda *espera* que ela se recupere está fazendo um apelo tácito à bondade de Deus. Pois todo o «esperar que» pressupõe essencialmente um «esperar em» Alguém cuja bondade é a garantia de que o meu «esperar que» não será em vão.

A conclusão a que queremos chegar é: quem crê fundamenta conscientemente sua esperança em Deus e, ao confiar em Sua bondade absoluta, *espera que* a última palavra da existência humana seja a alegria.

Isso vem admiravelmente expresso nas palavras do Salmista: «*Domine in te speravi* (esperar em): *non confundar in aeternum* (esperar que)».

Por outro lado, um suposto ateu conscientemente *espera que* tal e qual coisa ocorra, apesar dos prognósticos humanos dizendo-lhe o contrário; todavia, não consegue perceber que, nesses momentos, ele se torna alguém que crê. Pois nesses momentos ele acredita implicitamente na bondade de um Ser infinitamente poderoso que pode evitar um mal ou cancelar uma ameaça.

Não é fácil ser um ateu coerente! Um líder militar certa vez disse que nunca encontrou um ateu no campo de batalha. Minhas experiências pessoais levaram-me a conclusão semelhante: muitos se autodenominam ateus quando, na verdade, estão apenas rejeitando uma caricatura divina abominável, a qual se lhes impõe como resultado de uma desastrosa educação religiosa. Outros, ao se autodenominarem ateus, não diagnosticam corretamente sua atitude em relação a Deus; esperam que a fé seja uma convicção racional baseada no conhecimento e, assim, mostram-se incapazes de perceber que a fé, como uma semente preciosa, já brotou em suas almas.

Devemos, portanto, distinguir entre dois tipos muito diferentes de esperança. No primeiro tipo – o mais autêntico –, a base de todo «esperar que» é o «esperar em» conscientemente fundamentado em Deus. Há aí uma resposta consciente à onipotência e bondade de Deus, da qual se origina o nosso «esperar que». Nossa situação terrena costuma ser tal que Deus parece não se importar com assuntos cá de baixo. Com que frequência o salmista exclama: «Desperta. Por que dormes, ó Senhor?»! Porém, na esperança eu *confio* que, apesar de todas as aparências do contrário, Deus, em sua bondade infinita, importa-se com Suas criaturas, que deseja a felicidade delas.

Há depois o caso do homem que não acredita em Deus. Mas suponhamos que um ser que ele ama seja ameaçado por uma doença terrível e que, apesar do caráter desesperador da situação, ele diga que espera contra toda esperança. Ora, conscientemente, esse homem apenas *espera que* seu ente querido se recupere, mas no fundo pressupõe que de uma forma ou de outra, e para além do complexo conjunto de causas naturais, exista um fator, um algo, um Alguém, que possa afastar o perigo.

A grande ameaça que paira sobre a existência humana é a ameaça do desespero; assim que nos colocamos a meditar sobre a natureza da existência temporal e finita, entendemos que ela nos leva a um beco sem saída cujo fim é desesperar-se.

No entanto, a ameaça do desespero tem tão pouco que ver com o pessimismo quanto a esperança tem que ver com o otimismo. O posicionamento de Kierkegaard sobre isso permanece verdadeiro ainda que se rejeite seu pessimismo quanto aos bens naturais. Na realidade, a vida é repleta de experiências felizes e oferece-nos bens de grande valor, os quais podem deleitar-nos e, de fato, deleitam-nos. Não nos devemos esquecer das palavras do *Sanctus*: «Os céus e a terra estão cheios de Tua glória». O pessimismo budista, que iguala a existência ao sofrimento, de nenhuma forma é justificado pela realidade. Esta terra não é exclusivamente um vale de lágrimas; ela também ressoa, em todos os grandes e verdadeiros valores, com inúmeras mensagens de Deus. Que dons nos são concedidos na beleza; que bênção é o dom do verdadeiro amor, de um casamento feliz, de uma amizade profunda; que deleite se pode encontrar na busca da verdade e na sua contemplação, quando encontrada!

Não, o homem não pervertido não vê somente sofrimento e maldade; também se apercebe de inúmeros e gloriosos bens que objetivamente cantam louvores a Deus. Entretanto, a ameaça do desespero permanece; quanto mais bela é a vida, e quanto maior é a honra da morte, mais insuportável se faz a consciência de que parecemos condenados a retornar ao nada. Para um pessimista radical como Leopardi, a morte é um alívio; para o budista, o cessar da experiência individual é um ideal. Mas a morte é precisamente uma fonte de desespero para quem enxerga todos os bens gloriosos que nos são concedidos em vida.

As palavras «passou», «acabou», «não existe mais» são típicas de nossa existência terrena e, ao mesmo tempo, estão carregadas de desespero. Quem de nós não experimentou a amargura de voltar a um lugar em que certa vez experimentamos algo de profundo ou belo, só para descobrir que aquilo jamais voltará, que já se foi?

Não é à toa que tantas religiões interpretaram o tempo como uma recorrência cíclica, evitando assim o «nunca mais». É provável que a teoria da reencarnação, tão difusa entre tantas religiões, testemunhe o mesmo fato: o desejo humano de escapar do fluxo inclemente do tempo.

Os historiadores da religião concordam em que um dos conceitos mais revolucionários transmitidos pela Bíblia é o do tempo histórico, que pressupõe uma marcha adiante cuja direção não pode ser revertida. Por outro lado, é de importância crucial entender que *naquele mesmo momento* em que a possibilidade do desespero se revela ao homem em todo o seu horror, a luz da esperança é derramada em seu coração mediante a referência a uma promessa trans-histórica e eterna.

Ora, pelo processo de dessacralização religiosa, o homem ocidental, embora retenha a interpretação histórica do tempo, rejeitou muitas vezes a possível redenção do tempo pela eternidade; consequentemente, escancarou as portas ao desespero, um desespero que hoje está à espreita em toda a vida moderna, não obstante a vã tentativa de substituir a perspectiva histórica que leva à eternidade por um progresso imanente que supostamente levaria ao paraíso terrestre. Quer pensemos na filosofia de Heidegger, em seu fascínio pela morte como verdade última da existência humana, quer pensemos no deleite de Sartre com a absurdidade do mundo, vemo-nos em terra *sem saída* (para fazer menção à peça de Sartre), uma terra de desespero. «Tarde demais», «Não vale o esforço», «Logo acabará de qualquer forma», entre tantas outras, são palavras de desespero.

Em Sartre, o inferno não é mais interpretado como uma punição eterna e trans-histórica, mas «se encarna» na vida presente, no momento presente. Para ele, o inferno são os outros.

Na esperança autêntica, por sua vez, encontramos uma não aceitação radical do mal como algo derradeiro, como palavra última, ao mesmo tempo que essa rejeição não traz nada de revolta. Na revolta, minha rejeição é impotente. Bato a cabeça contra a parede. Já na esperança, embora veja que em termos humanos uma situação esteja condenada, recuso-me a «fechar» o tempo, recuso-me a «petrificar» uma situação, a «congelá-la» em sua tragédia. Na esperança, sempre transcendo os confins da finitude terrena; liberto-me do fenômeno do «está tudo acabado» e confio que as trevas serão convertidas em luz, que essa morte é passagem para a ressurreição.

De fato, a esperança é uma resposta a Deus enquanto Criador amoroso; na esperança, estou a confiar no poder criativo deste Deus que pode «fazer novas todas as coisas». A questão decisiva a que devemos agora voltar a atenção é se somos livres para ter esperança ou não. Ao mesmo tempo, a pergunta: «Posso dar esperança a mim mesmo?» não pode vir separada de outra. «Existe alguma *razão* para que os homens tenham esperança?». Seria de fato absurdo apoiar a visão metafísica de Sartre e, então, declarar alegremente: «Mas é óbvio, estamos repletos de esperança».

A esperança é essencialmente uma resposta, e como tal pressupõe a consciência de uma realidade capaz de trazer à baila essa resposta.

Gabriel Marcel observa corretamente que, quanto maior a relação pessoal de algo comigo, menos tenho o poder de vencê-lo. A felicidade, a fé, a esperança, o amor, a paz, que se relacionam existencialmente com o verdadeiro cerne do ser do homem, não estão sob o controle deste homem, mas exigem uma colaboração dialógica.

Uma das marcantes fraquezas do estoicismo, bem como do budismo, é a afirmação de que se atinge um estado interior de contentamento e equanimidade independentemente da situação objetiva, ou seja, quer esse contentamento interior se justifique, quer não.

Como Heidegger opta por ignorar a Deus, é perfeitamente coerente em sua descrição da vida humana como algo tecido por fios de angústia e ansiedade. Racionalmente falando, o desespero é a única resposta adequada a um mundo sem Deus. Numa passagem marcante de seu *O ser e o tempo*, Heidegger afirma que a experiência primordial do homem é seu «desamparo», o seu encontrar-se jogado no mundo, sua insegurança metafísica.

A questão é se Heidegger não se classifica no terceiro tipo de indivíduo descrito por Kierkegaard, aquele que prefere o próprio desespero a ser retirado dele.

Naturalmente, não posso dar esperança a mim mesmo, assim como não posso conceder-me fé ou amor. Mas, longe de terminar, é aqui que a questão de fato começa. Dizer: «Ou sou capaz de conferir esperança a mim mesmo, por um mero ato de vontade, ou não há absolutamente nada que eu possa fazer a respeito», é criar uma alternativa falsa. Uma vez que tendem a identificar esperança com um otimismo inato, muitas pessoas justificam o próprio desespero dizendo: «Minha natureza sempre foi inclinada ao desânimo. Nasci assim. Não posso evitá-lo». Se, como Marcel observou, a esperança é *esperança em* alguém, a questão toda adquire uma natureza notadamente diferente; deve-se estabelecer um relacionamento entre mim e esse *alguém*, uma comunhão que seja minha garantia de salvação no momento exato em que me sentir ameaçado pelo desespero.

Marcel observa que na esperança há uma nota profética: «Isto será ou aquilo não será». Contudo, isso não deve fazer com que ignoremos que a esperança, assim como a fé, possui um elemento heroico, pois, se limitamos nossa visão somente àquilo que é visível e encaramos a morte como limite da existência humana, o desespero torna-se a única resposta racional.

Embora a revelação cristã nos dê um motivo de esperança, nossa colaboração continua sendo exigida, e isso distingue claramente a resposta da esperança de qualquer outra expectativa baseada no conhecimento natural, mediante o qual sentimos o chão firme da realidade cotidiana sob os nossos pés. Esse elemento heroico aplica-se sobretudo ao *esperar em*; contudo, continua a existir uma característica paradoxal no *esperar que*.

Embora isso esteja relacionado a coisas que se encontram além do meu poder, as quais não posso comandar de forma alguma, também requer minha colaboração absoluta. O fato de o resultado final estar fora do meu alcance não deve de nenhum modo levar-me a adotar uma atitude de indiferença passiva. Pelo contrário: devo fazer com o maior cuidado tudo o que puder fazer, sabendo que meus humildes esforços não podem reclamar vitória se Deus não intervir, mas confiando em que minha colaboração amorosa possui um *significado* independente de sua eficácia.

Desse ponto de vista, deve ficar claro que a esperança é o extremo oposto do fatalismo, que diz: «O que tiver de ser será; o que tenho que ver com isso?».

Concluímos que a esperança pressupõe a existência

de Deus e que os ateus também podem ter esperança, uma vez que, no fundo, possuem alguma consciência dEle. A esperança revela sua objetiva ligação metafísica com Deus. Como contundentemente diz Pe. de Lubac em sua obra sobre o conhecimento de Deus, o que precisamos fazer para levar o homem a crer não é reunir argumentos, mas remover uma crosta de preconcepções e de sujeira intelectual que cobrem seu vínculo metafísico com o Criador.

Quando as experiências humanas mais profundas são ameaçadas (por exemplo, quando a vida de um ente querido corre perigo), é normal que os seres humanos sejam levados a descobrir sua capacidade de espera. É como se a intensidade do amor nos ajudasse a remover uma crosta de indiferença egotista que impede os homens de perceber que a esperança é fundamento da nossa existência.

Essa capacidade de esperar é o gesto quintessencial do homem consciente de sua condição de criatura, e dá-se isso em especial quando amamos. Aquele que ama realmente, liberto de toda a segurança medíocre, experimenta sua posição de criatura e, por meio dela, volta-se para o Criador.

No entanto, nossa esperança enquanto *cristãos* – embora, como vimos, exija nossa livre colaboração e possua tanto um elemento heroico quanto o caráter de um salto – baseia-se em solo firme. É objetivamente *devida* como resposta à realidade suprema que se nos manifesta pela Revelação. Já não se trata de uma esperança cega, mas flui organicamente da nossa fé.

Nossa *esperança que* tem por fundamento a *esperan-*

ça em, no Deus que vive e vê, como diz Santo Agostinho – o Deus que revelou a Si mesmo em Cristo. Livre de todas as ilusões, plenamente consciente da tragédia da morte, o verdadeiro cristão mantém os olhos fixos na realidade última e sobrenatural, que confere a todo o universo seu verdadeiro sentido.

São Paulo diz: «Eu sei em quem creio». Podemos acrescentar: «Eu sei em quem espero». Esperamos em Cristo, no qual, como diz o Prefácio da Missa pelos defuntos, «brilhou para nós a esperança da feliz ressurreição. E, aos que a certeza da morte entristece, a promessa da imortalidade consola».

A virtude hoje

É da natureza da história que mudem os parâmetros com que o homem se aproxima da vida, que certos valores se tornem mais claros numa época do que noutra e que outros valores recebam menos atenção do que receberam em era pregressa. Também ocorre que, num determinado período, certos perigos que outrora haviam se mostrado insignificantes se pronunciem.

No entanto, do mesmo modo como é importante reconhecer esse ritmo próprio da natureza da história e do homem, é também errado atribuir aos períodos históricos um significado injustificado em relação aos problemas básicos humanos. Em comparação àquilo que permanece inalterado, o que muda é secundário. Trata-se de uma forma peculiar e ingênua de arrogância acreditar que a era em que se vive difere completamente de todas as anteriores e que os problemas de tempos idos não existem mais. Muitos ficam inebriados com essa noção fantasiosa, e não conseguimos evitar o espanto ao constatar que, se seguirmos seu raciocínio, eles mesmos negligenciam o fato de que, se suas ideias estiverem corretas, então toda a «novidade» e todo o caráter «inusitado» de que tanto se orgulham tornar-se-iam, dentro de pouco tempo, coisas antiquadas e fora de sincronia com a realidade. Esquecem-se de que, se estivessem certos e o perpetuamente mutável fosse a «realidade», teriam de pagar um preço alto demais por gozar disto que «jamais existiu antes» e por olhar com desdém para as eras pregressas: o preço de perceber que todas as coisas que os excitam e satisfazem duram pouco e pararão no ferro-velho. Juntamente com a distinção exagerada entre as eras e com a ingênua soberba que a acompanha, entretém-se também a comum ilusão de que o tempo presente não só é inteiramente distinto de todos os outros, como também superior a eles. Embora não haja declaração expressa nesse sentido, há ainda assim tendência a presumir que, de uma maneira ou de outra, mudança equivale a progresso.

Muito mais perigoso do que essa concepção simplista de progresso – a qual, enfim, segue normas válidas em si mesmas e crê numa verdade objetiva que, presume-se, se tonará cada vez mais reconhecível com o passar do tempo – é o posicionamento bem mais amplo que iguala a realidade sócio-histórica de uma ideia à sua validade e verdade. Um tal posicionamento é o mais perigoso porque torna a própria essência da verdade e dos valores algo vazio.

Esta verdade deve ser afirmada com especial ênfase: o fato de uma ideia permear a atmosfera de determinado período, por assim dizer, ou de prevalecerem em certo período algumas omissões e tendências *não nos dá a menor informação a respeito nem da veracidade ou falsidade dessa ideia, nem da legitimidade das correntes de pensamento daquele período em particular.*

Se a história nos ensina algo, esse algo é o perigo de que as pessoas possam estar infectadas pelas equivocadas correntes de pensamento típicas de seus tempos; esse perigo torna-se particularmente grande quando se acredita que, porque certas ideias, tendências e omissões dominam uma época e saturam, por assim dizer, a sua atmosfera, estas podem ou até devem ser consideradas expressões do *Weltgeist*, no sentido hegeliano do termo. É precisamente essa a ideia que está no ar hoje. A realidade sócio-histórica de uma ideia ou tendência não é algo irresistível, que se deva aceitar como um fado, nem sequer provê ao seu conteúdo algum tipo de dignidade. Não torna um erro menos errado ou uma atitude errada menos equivocada; tampouco transforma algo objetivamente inválido em coisa menos inválida.

Deixar-se levar pelo fluxo de consciência dos tempos significa *abdicar da própria liberdade espiritual*; é acompanhar passivamente o movimento dos tempos, aceitar ser carregado pelas correntes da época – uma despersonalização. Em oposição a isso, há aqueles que sempre passam do século para o mundo da verdade e dos valores morais genuínos, a fim de compreender que mensagem esta época e momento em particular trazem consigo, o que encerram em si como «tema» à luz da eternidade.

Para colocá-lo de maneira mais concreta, para nós católicos esse movimento pressupõe uma sempre renovada *conversio ad Deum*.

O que quer que o pensamento corrente dos tempos contenha de objetivamente válido deve ser aprovado e colocado a serviço de Deus – não porque o que é válido possua a realidade sócio-histórica de um movimento dos tempos, mas porque é, por seu conteúdo mesmo, bom e verdadeiro, porque é algo que Deus deseja. Os problemas objetivos que determinada era apresenta – em contraposição às correntes ideológicas – são, é claro, uma realidade a ressoar um chamado objetivo. Todavia, o espírito com que devemos enfrentá-los e resolvê-los não deve ser derivado das correntes dos tempos, mas provir da verdade eterna a que retornamos o tempo todo, deve provir do *lumen Christi* que esclarece todos os problemas e indica a solução correta para eles.

Há uma necessidade imperativa de traçar limites entre esses dois movimentos fundamentalmente diferentes: o proceder de quem atenta para as correntes dos tempos como voz do *Weltgeist* e se permite levar por ela (um ser sociologicamente condicionado e sem liberdade, impelido sempre adiante); e a atitude de quem não se deixa cativar pelas correntes dos tempos, mas, realizando uma ascese sempre renovada à verdade eterna, a Cristo – um movimento para cima –, extrai daí o seu posicionamento em relação a todas as correntes de pensamento prevalentes. A todas as tendências dos tempos devem-se aplicar também as palavras de São Paulo: «Examinai todas as coisas; retende o que for bom». Aí também se acha a exortação à exposição dos erros correntes e à exposição de sua falsidade mediante o cotejo com as normas eternas, imutáveis e atemporais.

As observações precedentes se fizeram necessárias

como prelúdio à abordagem de nosso tema – «A virtude hoje» – porque, em primeiro lugar, muitos mostram-se tão incapazes de reconhecer essas verdades fundamentais que certos filósofos desejam reduzir a tarefa da filosofia à formulação conceitual das tendências de determinada época como um ideal, em vez de perceber que as exigências dos tempos, no que toca à tarefa filosófica, deveriam servir como estímulo a uma penetração mais profunda no reino da realidade imutável e à descoberta de respostas corretas a novas indagações. Depois, isso fez-se necessário porque o problema delimitado pelo título «A virtude hoje» diz respeito a perigos específicos do tempo presente.

Ao tratar desses perigos, tomaremos como ponto de partida o livro *Nature and Variation of Virtues*, de Bollnow, uma vez que é sempre estranhamente interessante familiarizar-nos com as tendências dos tempos tais quais abordadas na obra de um filósofo de alta patente. Sem falar em que analisá-las da forma como aí figuram é uma atividade assaz produtiva.

Desse modo, no livro mais interessante e estimulante de Bollnow, encontramos os seguintes perigos, tão característicos dos dias de hoje.

Há, em primeiríssimo lugar, o risco de ver questões de moralidade sob um prisma condicionado pelo período: mudanças na virtude são vistas como necessárias para o desenvolvimento integral das virtudes. Sim, aqui alguns encontram a confirmação de sua crença em que há contrariedades internas nas virtudes que tornam impossível vê-las todas ao mesmo tempo, sobretudo porque as coisas morais não possuem denominador comum. Por conseguinte, o valor de determinada virtude é visto como dependente de sua relação com um período específico.

Algo mais acompanha esse erro: a falta de uma compreensão clara do *eidos* (essência) do que seja especificamente moral. Não há distinção clara entre valores pessoais morais e extramorais.

Em terceiro lugar, a natureza da moralidade cristã, aquilo que é absolutamente novo e único a seu respeito, não é compreendido. Ignora-se, ademais, o fato de que a moralidade cristã é, ao mesmo tempo, a consumação de toda a moralidade natural.

Agora consideraremos o primeiro desses perigos. Para uma compreensão melhor dele, devemos primeiro chamar a atenção para uma verdade universal.

Muitos valores pessoais extramorais funcionam, em tempos diferentes, em comunidades diferentes e para indivíduos diferentes, como substitutos do mundo genuíno da moral. Em nosso livro *Graven Images*, tratamos longamente da essência e dos vários tipos desses substitutos da moralidade. São, em sua maioria, valores pessoais extramorais, como a coragem, o vigor, o poder, a eficiência, a honra, que de maneira legítima se tornaram norma expressa de nossa conduta. Valores morais também podem assumir o posto de substituto da esfera moral inteira – por exemplo, o altruísmo e a magnanimidade, valores que então sofrem a perda de seu real caráter moral porque assumem o trono que objetivamente só pertence ao valor fundamental do que é «moralmente bom». A esfera especificamente moral é constituída de forma que não permita nenhum tipo de seleção e que seja impossível escolher uma seção dela arbitrariamente, levar somente essa seção a sério e defender que todo o restante não possui força vinculante. Quem quer que diga: «Talvez venha a fazer algo de errado, mas nunca farei algo de mau», deixa entrever o fato de que para ele é a qualidade específica da maldade que deve ser levada a sério, que para a sua conduta prática ele não considera a alternativa entre o bem e o mal, mas sim entre o nobre e o ignóbil. No entanto, no mesmo momento em que um valor moral se torna substituto da esfera moral inteira, ele se despe de seu caráter puramente moral – ocorre uma mistura de aspectos extramorais que lhe confere esta função objetivamente injustificada. A existência desses substitutos é precisamente o ponto que desempenha função decisiva na questão das «mudanças nas virtudes», das «mudanças» da boa moral. Nunca é a moral genuína que muda; são esses substitutos da moralidade que variam de acordo com os períodos históricos, de acordo com as comunidades políticas e culturais.

Além disso, não se pode dizer que as virtudes morais sejam tão diversificadas que não possam ser sistematizadas, ou mesmo que haja «morais» inumeráveis, que só podem referir de modo significativo àquelas «virtudes» que tenham caráter extramoral. Bollnow também trata majoritariamente das «virtudes» extramorais sem, no entanto, separar claramente os valores extramorais dos morais. Ao fazer isso, chama a atenção para a *Ética* de Nikolai Hartmann. A partir da mútua exclusão de valores em uma só pessoa, Hartmann constrói – erroneamente – um contraste de valores. É verdade que uma montanha majestosa não pode ter também a delicadeza e o encanto de uma violeta; não obstante, essa mútua exclusão, que é condicionada pelas limitações do seu portador, de modo algum pressupõe um contraste genuíno entre os valores da majestade e da delicadeza no mesmo sentido em que se opõem um não valor como a grosseria e um valor como a delicadeza. Todos os valores, mesmo quando qualitativamente muito diferentes, proclamam enquanto valores, num uníssono harmonioso, a realidade absoluta que incorpora *per eminentiam* todos os valores – a saber, Deus.

Mas mesmo essa mútua exclusão, que não se baseia numa real antítese qualitativa, só existe no caso dos valores extramorais. Não há dúvida de que uma pessoa não pode possuir uma exuberante e poderosa vitalidade e, ao mesmo tempo, uma delicadeza etérea e imaterial – embora, como já vimos, esse tipo de exclusão de modo algum apresente contraste. No entanto, é fundamentalmente próprios dos valores morais que o homem deva possuí-los todos. É impossível que uma pessoa diga racionalmente: «Minha especialidade é a justiça; a pureza eu deixo para os outros». Só isto é certo: embora seja da própria natureza dos valores morais que todos sejam exigidos, há no nível da moralidade puramente natural uma dificuldade em combinar certas virtudes – por exemplo, a mansidão e um zelo fervoroso pelo prevalecimento daquilo que é bom e verdadeiro. Entretanto, como veremos adiante, na pessoa dos santos, no nível sobrenatural, encontramos a união e a mescla desses traços que dificilmente se juntam em nível puramente natural. Nos santos, a mansidão e a sede de justiça andam de mãos dadas. Também neste ponto, é somente na moralidade sobrenatural que a moral natural encontra a sua consumação.

Contudo, antes que comecemos a tratar da completa novidade da moralidade sobrenatural e do fato de ser ela, ao mesmo tempo, o cumprimento derradeiro de toda a moralidade natural, neste momento interessa-nos fixar uma linha de demarcação entre os valores especificamente morais e outros valores pessoais. Desse modo, também ficará evidente qual o único sentido em que podemos falar de uma «mudança das virtudes» e da «virtude hoje».

Quando falamos dos valores morais e de seu oposto, isto é, dos não valores morais, referimo-nos àqueles que, por sua própria qualidade, são diferenciações entre «bom» e «mau», os quais possuem toda a amplitude e toda a transcendência das coisas morais que Kierkegaard tem em mente quando chama ao que é moral «o próprio hálito do eterno».

Por outro lado, há muitos valores pessoais que, embora não sejam morais propriamente ditos, têm um significado indireto para a vida moral. Valores pessoais formais, como, entre outros, a energia, o autocontrole e também aquilo a que Bollnow chama sinceridade, são por natureza pressupostos para a vida moral sem que sejam eles próprios especificamente morais. Outros valores pessoais podem ser resultados de uma conduta moral; ou podem tornar-se moralmente relevantes em certas situações, como a organização, a diligência e semelhantes. Outros ainda podem exercer influência pedagógica sobre a vida moral. Assim, a limpeza e a organização podem aplainar o terreno para a conduta moral da criança, mas não são por si sós, no verdadeiro sentido da palavra, valores morais.

Aqui nos limitamos a valores especificamente morais – valores que, em sua qualidade, possuem o *pathos* pleno e a suma seriedade da bondade moral.

Em primeiro lugar, devemos distinguir valores morais, como a justiça, a pureza, a fidelidade, a generosidade e a bondade, de todos aqueles valores que encontramos no lado objetivo. Impressionar-se com estes, concordar com eles e seguir o seu chamado é moralmente bom; e, nesse sentido, esses valores são moralmente relevantes. Portanto, o valor de uma vida humana, o valor da paz entre as nações, o valor da verdade, o valor de um governo legítimo e bem regulado são valores moralmente relevantes, mas não valores morais. O não valor que se vê no sofrimento de alguém é moralmente relevante; dedicar-lhe atenção é uma exigência moral. Da mesma forma, é imoral causar sofrimento a outrem quando não há necessidade urgente para tanto, enquanto aliviar o seu sofrimento com todos os meios que possuo é uma obrigação moral – ou, se não for possível fazê-lo, que eu ofereça ao aflito uma empatia sincera. Contudo, o não valor que se encontra na dor que o ser humano sente decerto não é um não valor moral em si.

Como é evidente, todos os valores morais são igualmente significativos moralmente, mas nem todos os valores moralmente significativos são valores morais.

Essa distinção fundamental em si mesma entre valores morais e valores moralmente relevantes também tem uma importância especial para a abordagem de outro problema: a relação entre o que é moral e as mudanças no tempo. De fato, uma investigação mais detalhada revela que a incoerência, que muitas vezes chega ao ponto da contradição, no julgamento da moralidade de certos tipos de ação em diversos tempos e entre várias nações diz respeito, na verdade, sobretudo aos valores que não são morais, mas moralmente relevantes.

Depois de separarmos os valores morais do âmbito mais amplo dos valores moralmente relevantes, passaremos a demonstrar brevemente as características pelas quais os valores morais – que são sempre valores pessoais – se distinguem de outros valores pessoais. Os valores e não valores morais, todas as subespécies de bem moral e de mal ou erro moral, pressupõem não somente uma pessoa, mas também o livre arbítrio dessa pessoa. Um pressuposto tal faz-se óbvio na maneira como se julgam os não valores. Culpamos uma pessoa por sua avareza, sua impureza, ao passo que não responsabilizamos ninguém pelo tédio que emana ou por sua falta de talento. A moralidade e a responsabilidade estão inseparavelmente unidas, e com a responsabilidade vem o papel que o livre arbítrio desempenha em tudo o que é moral.

O vínculo único com o livre arbítrio é uma marca decisiva de todo o campo da moralidade, e é nesta sua relação com o livre arbítrio que encontramos provas de que as virtudes morais são adquiríveis. Isso claramente distingue os valores morais dos valores intelectuais e de outros tipos, ainda que o livre arbítrio possa ter, no caso desses valores pessoais, uma função a desempenhar, como se faz claro no desenvolvimento consciente das capacidades supracitadas de natureza intelectual.

Mas esses dois fatores, a função do livre arbítrio e o fato de ser adquirível, não são suficientes para separar os valores morais de todos os outros valores pessoais, uma vez que há muitos outros valores pessoais que podem ser adquiridos e que nem por isso constituem valores morais. A essa categoria pertencem valores externos, como a limpeza e a organização, mas também o autocontrole ou a diligência. Esses valores pessoais estão ao alcance de nosso livre arbítrio, e ainda assim não sabemos por eles nada sobre a condição moral de alguém, mesmo que possamos dar por certo o fato de que possui grande autocontrole ou demonstra uma diligência fora do comum. Essas características podem existir tanto num criminoso quanto num indivíduo moralmente bom.

Falávamos sobre a responsabilidade, que caracteriza o que é moral. Ela compreende mais do que o fato formal de que tudo o que é moral presume a liberdade e de que valores morais podem ser adquiridos. Aí se encontra aquela seriedade peculiar que é própria de questões de moralidade – e só delas. Surge exclusivamente ali onde uma questão moral se revela.

Há ainda outra característica decisiva: tanto o que é moralmente bom como o que é moralmente mau, ao contrário de todos os outros valores pessoais, são marcados por uma profundidade incomparável. Assim que a questão da moralidade é trazida à tona, ouve-se um tom diverso e inconfundível; somos atraídos a um mundo inteiramente diferente quando nos colocamos face a face com um valor ou não valor moral. O que significam todos os talentos brilhantes de um Macbeth em comparação à sua terrificante culpa? Aqui tocamos o eixo do mundo – a questão quintessencial, em contraste com a qual todos os outros valores e não valores nos parecem nada essenciais. Essa seriedade sem paralelo das coisas morais destaca-se na elevada afirmação de Sócrates: «Toda injustiça contra mim e contra o que me pertence é um mal maior e muito pior para aquele que a pratica do que para mim, que a sofro» (Platão, *Górgias*, 508e).

Essa posição singular das coisas morais torna-se ainda mais evidente quando relembramos que só um mal moral afeta a nossa consciência. A misteriosa voz interior, a consciência, só é incomodada quando acreditamos que fizemos algo de moralmente errado. Ela é diferente da mera depressão que experimentamos quando fazemos alguma tolice, quando damos aos outros ocasião para nos criticarem. A voz da consciência pertence a uma categoria totalmente diversa; ela fala de uma profundidade diferente e penetra uma profundidade diferente. Nada se iguala à discórdia causada por uma consciência incomodada.

A majestade e a importância única da moralidade ganham relevo também quando se percebe a conexão necessária que há entre a culpa moral e castigo. Quem quer que tenha ciência de uma injustiça moral praticada por si, quem quer que perceba claramente que tem culpa moral, também entende claramente que merece uma punição. Desviar-nos-íamos sobremaneira se empreendêssemos agora uma análise da natureza do castigo, de sua diferença fundamental em relação a todas as formas de vingança, ou do fato de que a resposta em forma de castigo à desarmonia criada pela culpa moral só pode ser finalmente dada por Deus.

A relação das questões morais com a recompensa e o castigo é um sinal de sua transcendência singular. O significado e importância da moral atravessam o molde da nossa existência terrena. A questão moral – pela sua própria qualidade – aponta para além do que é meramente deste mundo. Toca-se em algo de preternatural, e essa preternaturalidade, que é própria de valores morais genuínos, frustra toda a tentativa de «socializar» o que é moral. No mundo das associações humanas, a moral encontra um importante campo de desenvolvimento, mas sua origem não é deste mundo. E, se é um erro o simples imaginar que a moral possa ser deduzida do significado que possui para a vida em comunidade, constitui erro egrégio conceber a consciência moral e os valores morais como meros fenômenos sociológicos e a moralidade como epifenômeno de comunidades individuais.

Uma breve análise da natureza especial da moral demonstra, para além de qualquer dúvida, que estão completamente errados os que afirmam não haver nenhum denominador comum para a moralidade e que, por conseguinte, diversos padrões de moralidade podem existir.

Bollnow insiste em que é impossível estabelecer um sistema de virtudes. Com efeito, é importante desconfiar da formulação de sistemas porque, no processo de sua elaboração, corre-se o risco de violentar a realidade para manter a unidade do sistema, sobretudo quando se trata de uma tentativa de «deduzir» uma virtude a partir de outra. Porém, isso não justifica a rejeição da ideia mesma de um «sistema de virtudes» ou a afirmação de que algo do tipo seja impossível com base na proposição de que há diversas moralidades válidas. Esse conceito deriva da incapacidade de algumas pessoas de fazer a distinção entre os substitutos da moralidade e os valores morais genuínos, ou de sua cegueira para a diferença que há entre valores extramorais e valores morais específicos.

Princípios morais não variam; a cegueira para os valores é que varia com os diferentes estágios do tempo. Não se trata de que algo diferente seja bom num período diferente, mas de que algo do leque total de coisas objetivamente obrigatórias se torna menos distinto à visão dos homens e, desse modo, muda com o tempo. A cegueira e obtusidade acerca de certos valores morais, ou então acerca de valores moralmente significativos, são fenômenos típicos de seus tempos. Desse modo, o tempo corrente sofre de uma frieza antiemocional relacionada à tendência de mecanização da vida humana, a qual pressupõe certa falta de reverência. Nessas circunstâncias, dá-se também a diminuição da percepção de certos valores e não valores. Por outro lado, hoje o valor da dignidade da pessoa humana é geralmente reconhecido com maior clareza do que em épocas pregressas, que com frequência não percebiam o quão imoral é forçar as pessoas em questões de moralidade e religião.

Ademais, é preciso enfatizar que, hoje em dia, não encontramos apenas uma cegueira parcial para os valores – cegueira em relação a valores morais específicos (o que corresponde também aos não valores) –, mas também a disseminação de certo descrédito da moralidade em si. Que a pseudomoralidade farisaica tenha servido de pretexto para o descrédito da própria moral, que a antipatia a preceitos morais tenha sido motivada pela distorção legalista das questões morais e levado à reação da «ética situacional» – tudo isso, de fato, não é incompreensível; todavia, não muda em nada o fato de que o crescente processo de cegueira para a beleza interior, para a majestade do mundo dos valores morais, constitui um perigo assustador e muito pronunciado que precisa ser reconhecido e combatido.

O fato de que hoje certos valores extramorais (e certas virtudes extramorais, caso se deseje estender de tal maneira o conceito de virtude, o que a meu ver é lamentável) se mostrem mais proeminentes do que os valores morais genuínos – em particular, os valores morais sobrenaturais – presta um claro testemunho à realidade desse perigo.

Certo obscurecimento da visão no reconhecimento da verdadeira grandeza e da absoluta seriedade do mundo dos valores morais pode ser identificado até mesmo em alguns círculos católicos que, protestando contra a moralização da religião, usam o que é religioso contra o que é moral. Não compreendem que é característica essencial do cristianismo que a moralidade não seja tratada como mero pré-requisito à ascensão à vida religiosa (como nas religiões orientais), mas que na questão da santidade, a que somos todos chamados, a moralidade e a vida da «nova criatura» estejam completamente interligadas e que, sim, o próprio Deus seja a essência de toda justiça, toda misericórdia, todo amor.

Quando nos deparamos com essa cegueira para a natureza real e para a dignidade superlativa do mundo dos valores morais, deveríamos sentir-nos exortados a permanecer livres de todo o contágio possível desta doença hodierna; deveríamos, do mesmo modo, sentir-nos estimulados a nos engajar na luta contra esse erro, pondo em relevo a todo o instante a verdadeira e autêntica natureza da moralidade, livre de toda distorção.

O mais importante, porém, nesta conexão é o despertar de um senso de moralidade cristã que, por um lado, oferece algo inteiramente novo, distinto de toda a moralidade natural, e, por outro, representa a culminação de toda a moralidade natural verdadeira. É igualmente essencial reconhecer o brilho todo novo e glorioso que a humildade, a mansidão, a castidade e o amor de um santo possuem – tão diferente da moralidade de um Sócrates –, de modo que se perceba que toda a moralidade natural encontra sua consumação e coroação na moralidade cristã. Se alguém considerar a moralidade cristã apenas como um conjunto de princípios morais entre muitos outros, se tentar traçar sua natureza individual como um afastamento do mundo, em vez de reconhecer nela a culminação de toda a moralidade natural e de descobri-la na substância original de toda a moralidade, em oposição a todos os seus substitutos, essa pessoa provará com isso que jamais compreendeu o fenômeno da santidade.

É um dos grandes propósitos de nossas vidas demonstrar a total novidade da moralidade contida no

Sermão da Montanha. Só posso referi-la brevemente aqui.

Não há como negar que a justiça, a veracidade, a honestidade, a fidelidade e a liberalidade podem-se desenvolver em Sócrates também, e portanto sem a Revelação cristã, e que essas virtudes servem como respostas no contexto de um mundo que reconhecemos desprovido da Revelação; ao mesmo tempo, há muitas virtudes que pressupõem como seu tema o Deus revelado em Cristo, a sagrada humanidade de Cristo, a visão cristã do homem.

É nessas virtudes, contudo, que encontramos uma bondade totalmente nova e incomparável, uma benevolência sublime e santa, que é reflexo da sacratíssima humanidade de Cristo. Essas virtudes formam o núcleo da moralidade cristã; e, ainda assim, abstraindo-nos de seu traço de novidade absoluta, constituem também o cumprimento de toda a bondade moral natural. Além de ultrapassarem por completo os valores morais naturais, contêm preeminentemente todo o valor moral existente na moralidade natural. Pois todo valor moral, seja qual for, é um reflexo especial de Deus e encontra seu cume na *similitudo Dei* alcançada pelo santo. Sobre o pano de fundo da revelação, todos os valores moralmente relevantes adquirem sentido inteiramente novo. Uma nova seriedade, um novo caráter realista, um sopro de eternidade permeiam a ordem moral em que se desenrola o grande drama da existência humana em seu confronto com Deus. A voz de Deus ressoa no Decálogo, que é o mandamento do Deus vivo, e não um mero preceito abstrato. O

Senhor eterno está falando, Aquele a quem a imoralidade ofende e a bondade moral glorifica. Desse modo, a reverência, a obediência de um Abraão, o perdão concedido por José no Egito, a pureza de uma Susana possuem uma dimensão de profundidade estritamente nova, uma importância nova por inteiro. Todavia, acima de tudo, a moralidade dos santos do Novo Testamento, de Santa Maria Madalena, de São Paulo, de São João, de São Francisco de Assis, de Santa Catarina de Siena, de Santo Inácio, de São João Bosco revelam-nos um etos completamente original.

A primeira marca distintiva do etos cristão é a função decisiva e indispensável desempenhada pela humildade. Não se pode imaginar uma revolução maior na moralidade do que a parábola do publicano e do fariseu. Sócrates também viu a insensata feiura da vaidade. Porém, a beleza misteriosa da pessoa que «se humilha», que se coloca num grau inferior àquele a que teria direito, que ama afastar de si todas as honras e aceitar toda humilhação com alegria – essa pessoa era um enigma para Sócrates; é «um escândalo e uma loucura» aos olhos da moralidade natural. A importância da humildade é tal que transforma o conjunto da moralidade. Ela permeia todas as outras virtudes e confere-lhes um valor sem paralelo. Somente tendo a humildade como fundamento é que todas as outras virtudes desvelam sua beleza plena. É a humildade que dá ao etos de alguém uma nota verdadeiramente nova. Ela o eleva de maneira misteriosa, dá-lhe uma liberdade interior sublime e derruba os muros atrás dos quais o indivíduo se aprisionara.

Também a misericórdia é uma das principais virtudes cristãs. Com efeito, a misericórdia por nós exercida será a medida exata com que obteremos a misericórdia de Deus. O ritmo totalmente novo dessa moralidade, ritmo pela qual o sopro da divina misericórdia se move, revela-se também no papel dominante aqui desempenhado pela contrição. A contrição é a porta para nossa verdadeira liberdade; faz com que nos tornemos «genuínos». Em nossa contrição nós chegamos àquela gloriosa ressurreição porque, como indigentes nus, caímos nos braços amorosos de Deus.

Na ética de Sócrates, a contrição não possui nenhuma função de controle. O mesmo se aplica à ética de Platão e Aristóteles. A consciência de nossa tendência ao pecado, dessa ferida misteriosa de nossa natureza, a qual, como nos ensina a Revelação, é resultado do Pecado Original mas, enquanto ferida, faz-se sentir por nossa sensibilidade e razão; também o fato de que devemos pôr nossa esperança na misericórdia divina, e não em Sua justiça – tudo isso dá à contrição uma função decididamente nova no reino das coisas morais. A contrição está no núcleo mais íntimo de toda conversão, de todo início de uma vida verdadeiramente moral.

Pela misericórdia de Deus, a contrição faz ainda mais do que meramente abrir ao pecador um caminho rumo à santidade. Ela não só dota o pecador, até mesmo o maior deles, de uma atratividade desconcertante e irresistível; não somente suscita no Senhor aquelas palavras: «Haverá mais alegria no céu por um pecador penitente do que por noventa e nove justos que não necessitam de penitência»; a verdade pura e simples está em que a contrição também é um elemento fundamental e indispensável à vida moral e religiosa do santo – de São João Apóstolo a São Pedro; de Santa Rosa de Lima a Santo Agostinho. O despertar para a realidade suprema, a rendição da fortaleza do orgulho, estão sempre vivos na alma de um santo. Ele sempre encontra motivo para contrição, uma vez que seus olhos veem manchas ali onde não nos seriam perceptíveis, uma vez que ele mede a responsabilidade e a culpa segundo os dons recebidos de Deus e segundo o abismo que o separa da santidade infinita do Pai.

A moralidade cristã caracteriza-se por uma santa liberdade interior, um elevar-nos acima de nós mesmos, um expor-nos à luz plena da verdade. É marcada por uma ausência de limites que se faz perceber naquele amor irresistível e insondável à vista do qual as pessoas, desde a vinda de Cristo, quiseram saber: «*Qui sunt illi et isti?*». Essa liberdade foi o dado fundamental de que se maravilhou Henri Bergson e que, em sua opinião, é a fonte de uma moralidade mais elevada.

Uma terceira marca distintiva da moralidade cristã consiste em que seu ponto central seja essa bondade específica do amor, ao passo que a integridade, a veracidade e a justiça constituem o centro da moralidade natural. Na personalidade de Sócrates, por exemplo, existe um espírito de verdade, de sobriedade nobre, de franqueza e de justiça; contudo, a oração de Santo Estêvão por seus assassinos transpira a superabundante bondade do amor. E o mesmo amor irresistível faz-se aparente no São Francisco que abraça o leproso. Mais do que em qualquer outro lugar, essa santa bondade do amor encontra expressão nas palavras de nosso Senhor: «Amai os vossos inimigos; fazei o bem àqueles que vos perseguem».

Enfim, o caráter radicalmente novo da moralidade cristã manifesta-se no fato de que todas as virtudes e atitudes morais, não obstante o que tenham por objeto, partem de uma resposta a Deus. A espinha dorsal de todas essas virtudes é o amor de Deus por meio de Cristo, com Cristo e em Cristo. Aqui, o mais excelso valor-resposta serve como fundamento para todos os outros. Toda resposta a um bem moralmente relevante está radicada nesse amor e desenvolve-se organicamente a partir dele.

É fácil perceber a natureza excelsa de uma moralidade cuja resposta fundamental e derradeira se dirige não a valores moralmente relevantes, mas à Pessoa absoluta, que é bondade infinita em si. Nessa moralidade, o amor a Deus e o amor de Deus permeiam e moldam todo o ato de nossa vontade, representando tanto a primeira como a última palavra no homem.

Devemos contentar-nos em assinalar, de maneira breve e dentro desta limitada estrutura, a natureza única da moralidade sobrenatural. Resta-nos, porém, insistir com extrema ênfase em que esta moralidade cristã, se for *de facto* praticada em nossa vivência diária, terá o mesmo efeito triunfante e irresistível no homem de hoje que teve em épocas passadas. Poder-se-iam citar inumeráveis exemplos para prová-lo. Todo o descrédito da moral, toda a antipatia a preceitos morais desaparecem quando a moralidade genuinamente sobrenatural é vista em ação.

«A virtude hoje»: essa ideia tem sentido se se deseja determinar que substitutos da verdadeira moral prevalecem no tempo presente, que valores morais são mais bem compreendidos hoje do que em tempos idos e para quais deles nossos contemporâneos se encontram cegos. Por outro lado, a ideia de uma «virtude hoje» revela-se tola tão logo começamos a ver a era corrente como um juiz perante o qual a virtude deve provar-se a si mesma, um juiz que teria o encargo de decidir se a moralidade cristã ainda porta qualquer mensagem para nós. Foi com isso em mente que em Constança, no ano de 1928, Karl Adam disse, em conferência sobre «Cristo e o mundo hoje», que o significado desse tema só poderia ser que o mundo moderno deve provar-se perante Cristo, e não o contrário.

Do mesmo modo, a ideia de uma «virtude hoje» não pode significar nada além de um confronto de nossa era com o mundo imutável dos valores morais naturais e sobrenaturais e, em última análise, com Cristo.

Christus heri, hodie, et in saecula: Cristo ontem, hoje e sempre.

O coração humano

Negar à afetividade como tal seu caráter de espiritualidade é herança do intelectualismo grego, que só considerava espirituais a razão e a vontade. A esfera afetiva como um todo era vista como irracional, como característica que o homem compartilhava com os animais.

Essa tese, contudo, não é nem evidente, nem jamais foi de fato provada. Uma análise abrangente da natureza do verdadeiro amor, da alegria nobre e profunda, da contrição, demonstra claramente que essas são atitudes dotadas de todos os sinais da espiritualidade. Ignorou-se isso porque a noção de afetividade veio a ser identificada com as partes inferiores da experiência afetiva – por exemplo, com um estado depressivo ou com a jovialidade causada pelo consumo de bebidas alcoólicas. Tomaram-se as experiências afetivas mais baixas como padrão da afetividade, e é claro que essas experiências afetivas inferiores não são espirituais. No entanto, tomá-las como padrão para a afetividade é patente e obviamente errado, uma vez que as respostas afetivas mais elevadas diferem radicalmente dessas experiências mais baixas e não espirituais. Esse proceder encontra-se no mesmo nível daquele em que se considera uma associação sem sentido e irracional como causa exemplar de processos intelectuais, enquanto se ignora a lacuna fundamental que se encontra entre um processo de associação e um silogismo.

É impossível tratar minuciosamente os diferentes níveis que se podem distinguir na esfera afetiva ou na esfera dos sentimentos em geral – diferenças que são tão fundamentais que fazem do termo «afetividade» ou «sentimento» algo definitivamente análogo, quiçá equivocado. Preferimos concentrar-nos naquelas experiências afetivas que exibem claramente todos os traços de espiritualidade e que, portanto, nos dão prova clara de que a dualidade «intelecto e vontade» deve ser substituída pela tríade «intelecto, vontade e coração».

Tomemos como exemplo a alegria que alguém experimenta quando testemunha uma pessoa perdoando seu inimigo. Essa experiência afetiva tem o caráter de uma resposta; pressupõe o conhecimento de um objeto: neste caso, o fato de que uma pessoa perdoou seu inimigo. Por isso, parte de uma colaboração de nosso intelecto. É patente que o conhecimento desse fato não consiste na mera percepção dos sentidos, mas implica uma atualização intelectual plena. Ademais, inclui uma compreensão do valor desse fato. Não pode, pois, haver nenhuma dúvida quanto à natureza espiritual do ato do conhecimento que constitui a base indispensável para esta resposta. O ponto decisivo, porém, consiste em ver a relação racional significativa que há entre a «palavra» afetiva dita em nossa alegria e o objeto apreendido pelo intelecto.

Em primeiro lugar, trata-se de uma relação que, por conta de seu caráter significativo e inteligível, deve ser distinguida da mera causalidade. A ligação entre o acontecimento gozoso e a nossa alegria possui um caráter inteligível: passa pelo centro espiritual e consciente da pessoa. Quando comparamos essa alegria à experiência de nos assustarmos após um barulho estrondoso, vemos claramente a diferença radical que existe entre este processo significativo e uma causalidade meramente física. Decerto o barulho deve ser ouvido para que produza o choque; um surdo não se alarmará com o ruído de uma explosão. Todavia, em primeiro lugar, a audição do ruído é uma mera experiência sensorial e não pressupõe nenhum tipo de entendimento. Depois, o fato de nos alarmarmos é mera reação ao choque nervoso produzido pelo barulho. Falta-lhe a relação inteligível e significativa com o objeto que está presente na alegria. A «palavra» afetiva da alegria, por sua vez, dirige-se conscientemente ao ato do perdão. Refere-se racionalmente a ele; temos plena consciência – ou melhor: certeza – de que nos alegramos por causa de tal ou qual acontecimento. Nesse «por causa de» consciente, o caráter inteligível e significativo da relação entre a alegria e seu objeto de motivação fica claramente expresso. Na alegria experimentada por causa desse acontecimento, encontramos a mesma relação significativa e consciente entre a pessoa e o objeto que também existe na resposta teórica da convicção ou na resposta volitiva de um ato da vontade. Essa declaração é chamada «intencional», e esta «intencionalidade» é o primeiro pressuposto da espiritualidade da experiência humana. A intencionalidade não só distingue respostas significativas de meros estados, mas também as destaca dos instintos ou dos impulsos meramente teleológicos.

Essa alegria, no entanto, não tem apenas caráter intencional; também pressupõe um alinhamento específico com o significado e valor do objeto, uma conformidade com esse significado e valor, um inteligível e racional fazer jus a ele. Essa conformidade do nosso coração com o valor do objeto corresponde analogamente à *adequatio intellectus ad rem* no conhecimento.

A resposta afetiva ao valor também exibe o caráter de uma *transcendência* que a distingue de todos os meros apetites ou tendências entelequiais ativos na pessoa. O *principium* dessa resposta não é a nossa natureza, suas necessidades e seu desenvolvimento entelequial; o *principium* é o objeto – em nosso caso, o fato de que o ato do perdão *realmente* ocorreu –, bem como sua beleza intrínseca. O valor desse fato não tem, de forma alguma, a função de satisfazer um apetite radicado na natureza. Pelo contrário, produz a nossa alegria; e, ao nos alegrarmos, transcendemos o domínio de nossa imanência e conformamos o nosso coração ao objeto de modo estritamente análogo ao de uma convicção ou julgamento; conformamo-nos ao objeto, à sua natureza, significado e valor. Essa transcendência própria de toda resposta a um valor, das respostas afetivas, é o segundo sinal fundamental de sua espiritualidade. O fato notável de que somos capazes de responder com o coração a um objeto não somente quando se trata de um bem objetivo para nós, mas também por causa de sua importância intrínseca, isto é, o valor moral, a beleza e a sublimidade do ato do perdão, é uma das manifestações mais impressionantes da transcendência do homem.

Um terceiro sinal do caráter espiritual dessa alegria revela-se no fato de não precisarmos ter experimentado que um tal acontecimento gera alegria para compreender que ele pode gerá-la. Para que eu saiba que me machucarei se queimar o dedo, devo primeiro ter experimentado a queimadura, ou ainda outra pessoa deve ter-me contado a respeito. No entanto, para compreender que testemunhar um ato de perdão ou a libertação de uma pessoa injustamente encarcerada pode gerar alegria, não preciso tê-lo experimentado. Isso faz-se inteligível assim que compreendo o valor desse fato e a natureza da alegria em geral.

Além disso, quando nos damos o trabalho de examinar a natureza dessas respostas afetivas aos valores, descobrimos inevitavelmente uma surpreendente correspondência entre o bem a que se dirige nossa resposta e a palavra de nossa resposta. Como as limitações de espaço não nos permitem abordar todas as correspondências significativas que se podem encontrar entre o objeto e o ato em questão, restringimo-nos a mencionar as diferenciações da resposta afetiva no que diz respeito à sua profundidade e qualidade, ambas as quais mudam de acordo com a natureza e o posicionamento do valor do bem.

Ainda que alguém entenda o valor de um ato de perdão ou a libertação de uma pessoa injustamente encarcerada e se alegre com isso, sua alegria deve necessariamente diferir em qualidade e profundidade da alegria que sente pelo sucesso merecido de um grande artista. A significativa correspondência entre o valor do bem e a qualidade e profundidade da resposta afetiva indica claramente o caráter espiritual da alegria que responde a um valor, e o mesmo ocorre com todas as respostas afetivas aos valores.

O caráter inteligível e significativo das respostas afetivas aos valores torna-se ainda mais visível quando consideramos o seguinte: entre a «palavra» da resposta e o objeto que a motiva há também uma relação axiológica. A libertação de uma pessoa encarcerada sem culpa demanda objetivamente essa resposta; *devemos* alegrar-nos com esse acontecimento. Entre a «palavra» da resposta e a natureza e valor do evento há uma relação inteligível de «dever». Aqui também, não precisamos da experiência direta da alegria que se sente com a libertação de alguém injustamente encarcerado para entender que uma tal resposta «se deve» a esse fato.

Estamos constantemente cientes dessa significativa relação de «dever» em nosso contato imediato com o ser e a vida. Esperamos que as pessoas lamentem uma injustiça terrível – por exemplo, a opressão brutal da heroica revolução do povo húngaro. Esperamo-lo não apenas na qualidade de simples efeito psicológico, isto é, como esperamos que alguém se preocupe com qualquer outra falha.

Nós lamentamos que a pessoa em questão não o lamente e permaneça indiferente. Sentimos falta da resposta que esse acontecimento exige. Percebemos claramente que se *deve* lamentar uma injustiça tão terrível, que é essa a resposta adequada a ela.

Essa relação de dever, o fato de que se *deve* dar uma resposta adequada e de que há coisas que *merecem* certa resposta afetiva, expressa-se pelo gerundivo latino, tal como se vê em *admirandum, amandum, deplorandum,* etc. Ela novamente revela com clareza o caráter racional e significativo das respostas afetivas aos valores. Que essas respostas sejam afetivas, uma voz e efusão do coração, incluindo toda a plenitude, todo o calor e toda a subjetividade, no sentido positivo que Kierkegaard dá ao termo, de nenhuma forma contradiz seu caráter espiritual e significativo.

De mãos dadas com a negação da espiritualidade afetiva anda a tese de que a afetividade pressupõe essencialmente o corpo e está ligada a ele de um modo completamente diferente do que ocorre em qualquer ato de conhecimento ou volição. Essa tese, no entanto, não é evidente de forma alguma, nem jamais foi realmente demonstrada. Com efeito, esse preconceito novamente advém do erro que é usar o tipo mais baixo de experiência afetiva como padrão para a afetividade em geral.

Há de fato várias sortes de sentimento que pressupõem essencialmente o corpo, mas isso não se aplica a todos os tipos elevados de afetividade. Uma dor de cabeça ou a dor que sentimos quando nos ferimos são sensações corporais no sentido estrito da palavra. Nesses casos as sensações são vozes claras do corpo, que dizem respeito a ele e se localizam principalmente nele. No entanto, certas experiências afetivas que, em si mesmas, diferem radicalmente das sensações corporais supracitadas também podem depender do corpo. Um estado depressivo, de mau humor ou de inquietação, embora não constitua uma experiência corporal, está ainda assim ligado ao corpo de diversas formas; mesmo que sua natureza não esteja dotada desse índice corporal, desse caráter de voz do nosso corpo, ainda podem ser causados por processos meramente psicológicos.

Por outro lado, respostas afetivas a valores – por exemplo, uma alegria que responde a determinado valor, um amor, uma veneração – não pressupõem o corpo mais do que o faz um ato da vontade ou do conhecimento, isto é, exceto pela relação geral e misteriosa que há entre alma e corpo. O fato de possuírem repercussões corporais que o pensar ou o querer não possuem não nos autoriza a afirmar que essas respostas dependam do corpo. Que um ato espiritual seja tão poderoso que tenha repercussões corporais significa, antes, o contrário de uma dependência do corpo. Quanto a este vínculo, precisamos apenas pensar nos êxtases místicos que, apesar dos seus efeitos físicos, jamais serão, por isso, considerados fenômenos não espirituais.

Essas pistas devem bastar para demonstrar que só o preconceito nos pode fazer negar a espiritualidade das respostas afetivas aos valores e presumir a incompatibilidade entre a afetividade (ou o coração) e a espiritualidade.

Agora vemos que não há necessidade de interpretar o amor como ato volitivo para preservar sua espiritualidade. Devemos perceber que o uso dos termos num sentido tão amplo que cheguem a denotar coisas que no máximo possuem entre si alguma analogia não é nada conducente ao conhecimento filosófico. Isso inevitavelmente leva a equívocos e à negligência de características específicas dos diferentes dados em questão; conduz a uma simplificação excessiva que, embora talvez torne mais fácil a localização de determinado dado num sistema, na realidade significa a desconsideração de sua natureza e significação específicas.

O querer, no sentido estrito do termo, dirige-se sempre a um estado ou fato que ainda não é real mas pode ser trazido à existência – e até trazido à existência pela pessoa que o quer, ao menos até certo ponto. Eis o ato que tem a extraordinária característica de ser livre. Classificar a alegria que responde a um valor como ato volitivo é desconsiderar a sua natureza específica, uma vez que seu objeto não é necessariamente um estado de coisas irrealizado, nem é livre em si mesmo. A «palavra» dita no querer liga-se à realização do bem em questão; expressa, por assim dizer: «Isto deveria existir – e isto existirá». Por outro lado, a minha «palavra» de amor, alegria ou veneração não tem que ver com trazer um bem à existência; ela responde com outra «palavra» interna ao valor de um bem.

Ademais, todas essas respostas afetivas possuem uma plenitude que falta à vontade. São, como dissemos antes, vozes do coração; nelas encontramos um calor que o querer não possui. Além de sua liberdade, a perfeição própria da vontade é o seu caráter claro e preciso, a sua capacidade de *comprometer* a pessoa como um todo, embora não *atualize* de forma alguma a pessoa inteira. Contudo, a vontade é, por sua vez, «fina» se comparada à plenitude própria do amor ou à alegria que responde a um valor. Novas dimensões da pessoa são atualizadas com as respostas afetivas – isto é, facetas e manifestações do ser que são mais íntimas do que aquelas que se encontram na vontade.

Isso se faz mais claro se percebemos que, em alguns domínios, o coração representa nosso ser mais íntimo. Ainda que na esfera moral a vontade represente o nosso verdadeiro ser, nos outros domínios da vida humana – por exemplo, em nossas relações com os outros – é o coração que o representa. Ao respondermos com a vontade a uma obrigação moral, comprometemo-nos como um todo, mesmo que o nosso coração não responda da mesma maneira. Aqui a *vontade* representa a posição válida do ser. Contudo, se amo um amigo ou um cônjuge, e se essa pessoa amada, em vez de corresponder ao meu amor, apenas deseja amar-me, estarei completamente certa em pensar que se trata de um substituto fraco; percebo que ele não me entregou o seu verdadeiro ser, pois seu coração não falou. Noto que, apesar de sua vontade de amar-me, ele ainda não se tornou «meu».

Além disso, quando percebo que o homem é destinado à felicidade e que a felicidade pertence ao verdadeiro cumprimento da existência humana, a relevância e o posto da afetividade espiritual novamente revelam-se de forma acachapante. A felicidade é essencialmente afetiva. Uma felicidade que seja apenas imaginada ou desejada ainda não se tornou real. Qualquer que seja a fonte da felicidade, ela mesma deve ser sentida; pertence ao domínio da afetividade. Mesmo que Aristóteles estivesse certo em dizer que o conhecimento é a fonte da verdadeira felicidade, a felicidade que resulta do conhecimento, a felicidade mesma, teria de ser experimentada. Uma felicidade que não se sente não passa de mera palavra, de uma noção contraditória, no mesmo nível de uma resolução que não se quer. Daí voltamos a ver a função basilar que se atribui à afetividade espiritual no homem.

Após ter referido o caráter espiritual das respostas afetivas aos valores e a função central do domínio afetivo no homem, indicaremos agora, brevemente, a função da afetividade na moralidade.

Embora a vontade seja o verdadeiro ser do homem na moralidade e a decisão moral livre da nossa vontade comprometa a pessoa inteira mesmo quando o nosso coração não responde na mesma direção, não se pode duvidar que o padrão moral de uma pessoa será mais elevado se não apenas a sua vontade nua e crua responder do jeito moralmente certo, mas também o seu coração. Um homem que ame a Deus ainda é mais perfeito que aquele que obedece aos mandamentos de Deus sem amá-Lo. O homem que, ao ver seu próximo em dificuldade, não só o ajuda com seus atos, mas também responde com compaixão e empatia, certamente se encontra moralmente acima do homem cujo coração permanece intocado e frio ao ajudá-lo. É desnecessário dizer que, se alguém sente compaixão e deixa de agir (contanto que haja a possibilidade de auxiliar quem sofre), esta pessoa é moralmente inferior ao homem que tem vontade de ajudar e o faz (embora se sinta indiferente em seu coração). Todavia, num caso assim, existe algo de errado em sua resposta afetiva de compaixão.

A função da afetividade na moralidade é desacreditada pelas mesmas pessoas que elogiam a esfera afetiva e lhe conferem grande importância, porém sem compreender a verdadeira natureza da afetividade espiritual. Do conde de Shaftesbury a Norman Vincent Peale, as respostas afetivas aos valores foram tratadas de modo que se negligenciasse ou até negasse a natureza específica que as distingue dos meros estados emocionais. Eles confundem os meros estados emocionais com respostas afetivas; por exemplo, um tipo de exaltação emocional em que nos agitamos sem intencionalidade, transcendência ou sentido é tomado como a verdadeira resposta afetiva do entusiasmo.

Todavia, muito mais importante do que todas essas distorções e confusões teóricas é o medo de sentimentos não genuínos, o qual induz muitos a desconfiarem de toda a esfera afetiva. Afirmam que todos os sentimentos de amor, compaixão, contrição e entusiasmo são completamente insignificantes do ponto de vista moral. Propõem que a única coisa que importa é o que queremos e como agimos, e que as respostas afetivas não passam de trivialidades sentimentais.

Sem que se negue o perigo das distorções na esfera afetiva, isto é, o perigo de sentimentos não genuínos e mais ou menos ilusórios, deve-se enfatizar que os abusos de algo jamais nos autorizam a ignorar seu valor. Aqueles que desacreditam a razão e jogam sentimentos irracionais ou instintos biológicos contra ela estão certos porque na história da humanidade certamente houve inúmeros abusos da razão, como o racionalismo e a vastidão de filosofias erradas que envenenam o mundo moderno? Não. Portanto, evitemos aqui o erro de considerar as manifestações sublimes do indivíduo à luz de possíveis distorções.

A possibilidade de deformação não altera o fato de que boa parte das atitudes morais que nos edificam e evocam nosso louvor moral consiste em respostas afetivas, como a santa alegria, a empatia, a contrição profundamente sentida e, acima de tudo, o amor. Uma abordagem sem preconceitos da realidade deve levar-nos a admitir que muitas respostas afetivas a valores incorporam elevado valor moral e que as respostas aos valores do coração têm uma relevância moral própria, que a vontade nua e crua não possui.

Poder-se-ia objetar, como citado acima, que essas respostas afetivas aos valores não são livres como o querer é livre e que isso foi até mencionado por nós como um dos sinais distintivos a separar as respostas volitivas das afetivas. Ora, seria possível argumentar: «Como pode um ato que não é livre ser portador de valores morais? Se não é livre, não somos responsáveis por ele».

Respondeo: é verdade que as respostas afetivas aos valores, como a alegria, o amor, etc., não estão em nosso livre poder do mesmo modo que o ato volitivo está. Ainda que quiséssemos responder com alegria ou amor, jamais poderíamos engendrar essas respostas como conseguimos engendrar atos da vontade, ou ainda comandá-las com a nossa vontade como comandamos as ações. No entanto, isso não significa que estejam completamente fora do domínio de nossa liberdade. Em primeiro lugar, encontram-se dentro do alcance de nosso poder direto. Por meio de nosso livre-arbítrio, podemos fazer muitas coisas para libertar nosso coração dos obstáculos que o impedem de dar as respostas corretas. Do mesmo modo, a posse das virtudes não está em nosso alcance direto. Não podemos comandá-las como comandamos as ações. No entanto, ninguém poderá negar que podemos lutar pela posse de determinada virtude e que somos responsáveis por não possuí-la. Todas as práticas ascéticas servem a esse objetivo. Ao nos libertarmos das cadeias do orgulho e da concupiscência, preparamos o caminho para a obtenção de uma virtude. O mesmo se aplica àquelas respostas afetivas aos valores que são patentemente exigidas pela posse das virtudes. Por meio de nossa vontade, podemos lutar contra o orgulho e a concupiscência que nos impedem de dar as respostas certas; faz-se possível assim libertar nosso coração de seu embotamento e dureza, preparar o caminho para as respostas afetivas.

No entanto, há ainda outra relação entre a nossa liberdade e as respostas afetivas aos valores. Essas respostas podem resultar da nossa liberdade direta pelo fato de nos identificarmos explicitamente com elas ou, como dissemos antes, sancioná-las com o livre-arbítrio. Encontra-se dentro da zona de poder direto do homem o dizer «sim» ou «não» a respostas afetivas. Embora não esteja dentro de nosso alcance direto engendrar uma resposta afetiva, isto é, trazê-la à existência ou impedi-la de existir, está dentro de nosso poder direto o posicionarmo-nos em relação às nossas respostas afetivas. Quando uma resposta afetiva a um valor nos é concedida, isto é, quando surge espontaneamente na nossa alma, podemos e devemos sancioná-la com nosso núcleo espiritual livre. A resposta alegre que surge espontaneamente do nosso coração ante a conversão de um pecador não é suficiente, moralmente falando; nosso núcleo espiritual deve unir-se a ela. É importante, porém, compreender que essa sanção não é um simples julgamento moral «desde fora», como fazemos frequentemente a respeito das atitudes de outros. Tampouco se trata do mero «*placet*» ou «*nihil obstat*» que se possa conceder a impulsos ou instintos. Não: antes, nós unimos a resposta afetiva a determinado valor ao nosso núcleo espiritual, ofertando-lhe uma solidariedade explícita ou implícita; entregamo-nos de modo novo, mais consciente e franco; identificamo-nos expressamente com essa resposta.

Isso pressupõe uma formação de nossas respostas afetivas «desde dentro», uma identificação livre e explícita com elas, pela qual tais respostas se tornam «nossas» num novo sentido. Pela sanção, as respostas afetivas aos valores adquirem um caráter novo, mais consciente e mais franco – incluindo a resposta do nosso núcleo espiritual livre –, sem, porém, que se perca algo de sua plenitude afetiva. Seria, pois, grande erro acreditar que pela nossa sanção essas respostas afetivas aos valores cessam de ser vozes do coração e se tornam meros atos volitivos. Antes, por meio dessa conexão com a liberdade do homem, as respostas afetivas aos valores podem tornar-se portadoras plenas de valores morais.

Devemos tomar ciência do impasse em que nos encontramos quando ignoramos o caráter espiritual dessas respostas afetivas aos valores e sua relação com a liberdade. Por um lado, sentimo-nos tocados e edificados ao testemunhar um amor ardente, uma alegria santa, uma compaixão profunda; temos plena consciência da diferença que há entre a vontade nua e crua de um tipo frio e «diligente» e essas calorosas respostas afetivas. Não apenas estamos cientes dessas diferenças, como também compreendemos claramente a incomparável superioridade moral destas. Por outro lado, não podemos explicar sua função para a moralidade enquanto ignorarmos seu caráter espiritual e a sua relação com a liberdade humana.

Já passa da hora de a filosofia fazer jus à função específica do coração para a moralidade, à palavra específica que ele tem de proferir – uma «palavra» que não é idêntica àquela da vontade.

Precisamos perceber que a própria natureza da virtude pressupõe que não só nossa vontade, mas também nosso coração deve responder ao chamado dos valores moralmente relevantes. As virtudes, que são qualidades do caráter do homem, exigem que a pessoa inteira, até o mais fundo de seu ser – uma profundidade que se encontra precisamente no coração e nas respostas afetivas aos valores –, esteja imbuída desses valores.

Precisamos, enfim, entender que negligenciar o caráter espiritual e a dignidade das respostas afetivas aos valores leva-nos à ideia de que devemos silenciar o coração tanto quanto possível, num ideal que harmoniza muito bem com a infeliz tendência antiafetiva propagada pelo funcionalismo na arte e na música.

Já passa da hora de desistirmos de reduzir as respostas afetivas aos valores a meros atos volitivos – uma redução que não só ignora a sua natureza, como vimos antes, mas especificamente as despe do caráter que distingue a personalidade calorosa e afetiva do tipo kantiano frio e «diligente».

Santo Agostinho diferencia claramente a vontade pura e simples das respostas plenas e afetivas aos valores quando exclama, em seu *Tractatus in initium Sancti Ev. Joh.*: «*Parum voluntate, etiam voluptate trahimur*».

O impasse que resulta de uma suposta incompatibilidade entre a afetividade e a espiritualidade alcança o seu ponto mais alto quando se considera a noção do amor. Como podemos reconciliar, com a noção do amor como mero ato volitivo, as palavras de São Paulo: «Se distribuir todos os meus bens para alimentar os pobres, se entregar o meu corpo para ser queimado, e não tiver a caridade, isso de nada me vale»? Em vez de tentar desesperadamente resolver esses problemas ilusórios, devemos antes rever, explorando a realidade sem preconceitos, nossos pressupostos dogmáticos acerca da suposta falta de espiritualidade da afetividade.

Direção geral
Renata Ferlin Sugai

Direção editorial
Hugo Langone

Produção editorial
Juliana Amato
Gabriela Haeitmann
Ronaldo Vasconcelos
Roberto Martins

Capa
Douglas Catisti

Diagramação
Sérgio Ramalho

ESTE LIVRO ACABOU DE SE IMPRIMIR
A 29 DE ABRIL DE 2024,
EM PAPEL PÓLEN BOLD 90 g/m^2.